Créez et gérez votre SCI

Dans la même collection

Logement

Propriétaires, locataires : à chacun ses dépenses – Décembre 2020
Gérez votre location meublée ou saisonnière – Octobre 2020
Organiser et voter les travaux en copropriété – Mai 2020
Gérez un bail commercial ou professionnel – Mai 2020
Gérez votre location non meublée – Avril 2020
Copropriété : maîtrise des charges et comptabilité – Avril 2020
Devenir syndic bénévole de copropriété – Mars 2020
Devenir conseiller syndical de copropriété – Février 2020
Vendez votre bien immobilier – Novembre 2019
L'assemblée générale de copropriété – Mars 2019
Acheter ou vendre en viager – Mars 2019
Bien négocier votre crédit immobilier – Décembre 2017
Faire réaliser des travaux – Septembre 2017

Famille

Divorce, préservez vos intérêts – Décembre 2020
Comprendre les frais de notaire – Novembre 2020
Recueillir un héritage – Novembre 2020
Tutelle, curatelle, protéger un proche – Novembre 2020
Les droits des personnes handicapées – Octobre 2020
Anticiper la dépendance – Juillet 2020
Faire face au décès d'un proche – Juin 2020
Aider financièrement vos enfants – Février 2020
Guide pratique du tuteur et curateur familial – Septembre 2019
Préparez votre succession – Juin 2019
Conclure un Pacs – Avril 2018
Se marier et gérer son patrimoine – Février 2018
Employer du personnel à domicile – Novembre 2017
Assurance-vie : les stratégies gagnantes – Juin 2017

Vie professionnelle

Devenez travailleur indépendant – Septembre 2020
Retraite : état des lieux et réforme – Octobre 2019

Vie pratique

Vous, le maire, la commune – Mars 2020

Commandez vos ouvrages sur le particulier.fr, rubrique « Boutique » ou par téléphone au 01 55 56 71 11.

QU'EST-CE QU'UNE SCI ?

La SCI est une société

Une société civile immobilière (SCI) est une structure composée d'au moins deux personnes *(article 1832 du Code civil)* qui s'associent pour gérer un patrimoine immobilier. En contrepartie de leur participation au capital de la société (qui peut être inégale), les associés reçoivent des parts sociales. La SCI est soumise aux règles du Code civil. Elle doit aussi être immatriculée au registre du commerce et des sociétés (RCS), ce qui lui confère une existence juridique distincte de celle de ses membres. Elle dispose, à ce titre, d'un patrimoine qui lui est propre.
Les immeubles de la SCI peuvent être mis gratuitement à la disposition des associés ou loués pour en tirer des revenus. Sur le plan fiscal, la SCI dépend en règle générale du régime des sociétés de personnes, mais elle peut relever, de plein droit ou sur option, de l'impôt sur les sociétés.
Dans la pratique, la constitution d'une SCI permet de répondre à différents objectifs : acquérir et détenir un patrimoine à plusieurs, échapper aux lourdeurs de gestion de l'indivision, transmettre des immeubles à ses enfants à moindres frais ou encore sécuriser son patrimoine professionnel en le séparant de son patrimoine privé. Des objectifs qui peuvent évoluer dans le temps, selon les souhaits de ses associés.

Des rapports étroits entre associés

Le plus souvent, la société civile immobilière est constituée entre époux, parents et enfants, partenaires de Pacs ou concubins. On parle alors de SCI familiale. C'est un cercle très privé, au sein duquel la bonne entente est de rigueur, et dans lequel les possibilités d'entrer sont limitées. Dans une SCI familiale, la qualité des associés est donc un élément déterminant du contrat de société.

L'accès à la société n'est pas libre

Il ne saurait être question d'imposer aux associés l'entrée d'une personne étrangère à leur cercle sans qu'ils y consentent expressément. L'arrivée d'un nouvel associé doit être agréée par les autres associés, selon des modalités fixées dans les statuts. Ainsi, l'agrément préalable d'une personne entrante est nécessaire en cas de vente, de transmission gratuite (par donation ou succession), d'apport ou encore d'échange de ses parts sociales par un associé. En pratique, la cession de parts sociales n'est susceptible d'intéresser que les proches des associés, mais l'agrément présente un intérêt évident, au niveau familial, notamment dans le cadre des familles recomposées.

Le nombre d'associés est restreint

Il faut être au moins deux pour créer une SCI. En revanche, la loi ne fixe pas de nombre maximal d'associés. Mais, en raison des liens affectifs étroits unissant les membres d'une SCI familiale, il est recommandé de ne pas être trop nombreux dans la société, pour ne pas alourdir sa gestion, ce qui irait à l'encontre des raisons de sa création.

La SCI poursuit un objet civil

L'objet social de la SCI est défini dans ses statuts. Il délimite le cadre des activités qu'elle peut réaliser. Comme son nom l'indique, la SCI doit avoir une activité civile.

La loi ne définit pas les activités civiles

Est considérée comme de nature civile toute activité qui n'est pas commerciale. Dans le secteur immobilier, les activités commerciales sont définies par l'article L. 110-1 du Code de commerce, qui en donne une liste limitative : achat d'immeubles en vue de leur revente, opérations d'intermédiaire pour l'achat, la souscription ou la vente d'immeubles, de fonds de commerce, d'actions ou parts de sociétés immobilières… Pour conserver un caractère civil, une SCI ne peut donc pas exercer l'une de ces activités à titre habituel.

En général, la création d'une SCI a pour but la gestion ou la

> **+ Certains professionnels conseillent de créer une société par immeuble**, notamment pour en rendre la cession plus aisée. Il suffit alors de vendre les parts sociales représentatives de l'immeuble, ce qui est impossible lorsqu'une seule société en détient plusieurs. Mais cette technique multiplie les obligations comptables, juridiques et fiscales et alourdit les coûts administratifs.

transmission de biens immobiliers apportés par les associés ou qu'ils ont acquis à travers la société, activités civiles par nature. Dans ce cadre, la société peut être amenée à vendre l'un de ses biens à titre exceptionnel. Mais elle ne peut pas avoir pour objet principal l'achat et la revente d'immeubles.

Ce sont les statuts de la société qui en précisent l'objet, c'est-à-dire l'activité qu'elle se propose d'exercer. Mais c'est son activité réelle qui détermine sa nature civile ou commerciale, pas son objet social déclaré.

La SCI a la personnalité morale

La SCI est une entité juridique distincte des personnes physiques qui la composent. C'est la société qui est propriétaire des biens immobiliers, non les associés. La personnalité morale s'acquiert, lors de la création de la SCI, par son immatriculation au registre du commerce et des sociétés (RCS). Une fois cette formalité accomplie, la SCI exerce toutes les prérogatives relatives aux biens ou aux droits qui sont dans son patrimoine. Elle peut acquérir des biens immobiliers, signer des contrats de location, emprunter… C'est une situation différente de l'indivision, régime dans lequel l'immeuble est

La location meublée à titre accessoire

Une SCI qui donne en location des locaux meublés (ou équipés, pour les locaux commerciaux ou industriels) exerce une activité commerciale aux yeux du fisc. Peu importe que les locations meublées soient consenties de manière habituelle ou occasionnelle. Elle relève alors de l'impôt sur les sociétés (IS) et non de l'impôt sur le revenu (IR) pour l'ensemble de ses revenus, y compris les loyers encaissés. Par tolérance, le fisc admet cependant qu'elle échappe à l'IS tant que ses loyers de meublés ne dépassent pas 10 % du total de ses recettes hors taxes. En cas de franchissement occasionnel de ce seuil, la SCI reste également soumise à l'IR si la moyenne de ses revenus commerciaux sur quatre ans (l'année en cause et les trois années antérieures) n'excède pas 10 % de la moyenne de ses recettes de la même période *(BOI-IS-CHAMP-10-30, § 320 et 330).*

détenu directement par plusieurs propriétaires distincts (les indivisaires). La SCI est une détention indirecte de l'immeuble, la personne morale s'interposant. Les personnes morales sont toujours représentées par une personne physique (un ou plusieurs gérants).

La location d'immeubles nus est une activité civile

Le patrimoine de la SCI peut être donné en location pour générer des revenus. Lorsque les locaux sont loués vides, activité civile sur le plan juridique, la société est soumise à l'impôt sur le revenu, sauf option pour l'impôt sur les sociétés (voir p. 171). Les loyers sont alors imposés directement entre les mains des associés, dans la catégorie des revenus fonciers, à proportion de leurs droits dans la société.
En revanche, lorsque la SCI loue ses biens meublés (pour un usage d'habitation) ou équipés (pour un usage professionnel), le fisc considère qu'elle exerce une activité commerciale. Sauf exception, elle relève alors de l'impôt sur les sociétés pour les loyers qu'elle encaisse (voir l'encadré p. 16).

D'autres sociétés ont une forme proche de la SCI

L'objet d'une SCI est limité à la gestion et à la transmission du patrimoine privé ou professionnel de ses associés. Certaines sociétés civiles peuvent être constituées pour des opérations de construction, mais cette activité s'exerce dans des structures juridiques spécifiques. Relevant de statuts particuliers, elles ne sont pas à proprement parler des sociétés civiles immobilières et ne doivent pas être confondues avec les SCI de gestion, objet du présent ouvrage.

Les sociétés de construction-vente : réservées aux investisseurs

Leur objet consiste à « construire un ou plusieurs immeubles en vue de leur vente en totalité ou par fraction » *(article L. 211-1 du Code de la construction et de l'habitation)*. Elles sont utilisées par les promoteurs immobiliers, qui vendent ensuite les locaux à des particuliers. Elles concernent donc essentiellement les professionnels de la construction et obéissent à des règles impératives destinées, notamment, à protéger les acquéreurs non professionnels contre les risques de non-achèvement des programmes, faute de moyens suffisants. La SCI de gestion se distingue des sociétés de construction-vente par sa finalité : son but n'est pas la revente immédiate du bien immobilier.

Les sociétés d'attribution : construire pour se loger

Elles ont pour objet l'acquisition ou la construction d'immeubles destinés à être attribués (et non vendus) aux associés *(article L. 212-1 du Code de la construction et de l'habitation)*. Une fois l'immeuble achevé, l'associé prend possession du lot auquel il a droit. Il en devient propriétaire à la dissolution de la société ou lors de son retrait de celle-ci, événements qui peuvent intervenir à tout moment. Un règlement de copropriété doit impérativement être rédigé et adopté avant le commencement des travaux ou l'entrée en jouissance des associés.

Fiscalement, tout se passe comme si les associés étaient personnellement propriétaires des biens composant l'actif *(article 1655 ter du Code général des impôts)*. À la dissolution de la société, l'attribution des biens aux associés n'entraîne pas un transfert de propriété du patrimoine de la société vers celui des associés, puisqu'ils sont considérés fiscalement comme propriétaires des biens depuis l'origine. Ils ne sont donc pas imposés sur l'éventuelle plus-value réalisée au jour de la dissolution de la société, ni redevables des droits d'enregistrement et de la taxe de publicité foncière applicables aux ventes immobilières.

Les sociétés d'attribution se distinguent des SCI de gestion dans la mesure où les associés sont titulaires de parts correspondant à un lot individualisé. Ils peuvent occuper ce lot ou le donner en location. Ce type de société est destiné aux personnes qui veulent avoir des droits exclusifs sur un lot (un appartement, par exemple). Les associés d'une SCI, eux, sont titulaires de parts leur donnant droit à une fraction du capital social, mais ils ne sont pas appelés à devenir propriétaires de lots déterminés.

Les sociétés civiles de placement immobilier (SCPI)

À la différence des SCI de gestion, les SCPI sont autorisées à offrir au public des titres financiers *(article 239 septies du Code général des impôts)*. Elles ont pour objet l'acquisition (ou la construction) et la gestion d'un patrimoine immobilier locatif destiné à l'habitation ou à un usage professionnel (bureaux et commerces). L'épargne collectée auprès du public est destinée à l'acquisition d'un ou plusieurs biens immobiliers.

> **+** Les sociétés, dites de multipropriété, ont pour objet d'attribuer à leurs associés **uniquement la jouissance d'un bien ou une période de jouissance** en contrepartie de leurs apports, à l'exclusion de tout droit de propriété.

La gestion de ces immeubles est confiée à une société qui se charge de les louer pour le compte des porteurs de parts et de leur reverser, en contrepartie, une quote-part des loyers, proportionnelle à leurs droits dans la SCPI. Les associés sont imposables personnellement sur les loyers perçus par la SCPI, à raison de leurs droits dans la société. Ces revenus sont soumis à l'impôt sur le revenu et aux prélèvements sociaux directement entre les mains des associés personnes physiques dans la catégorie des revenus fonciers, ou à l'impôt sur les sociétés pour les associés personnes morales qui relèvent de cet impôt.

Pourquoi créer une SCI ?

La souplesse de gestion, le caractère *intuitu personae* et la liberté statutaire laissée aux associés font de la SCI un instrument particulièrement adapté à l'acquisition, la gestion et la transmission d'un patrimoine immobilier familial ou professionnel. Elle facilite la détention d'un bien immobilier en commun. La SCI peut le mettre à la disposition des associés, le donner en location, répartir ses revenus et, exceptionnellement, le vendre. La SCI permet aussi de transmettre un patrimoine immobilier dans un cadre fiscal très avantageux.

Son atout majeur est sa souplesse : la SCI permet de faire du sur-mesure en fonction des objectifs familiaux et patrimoniaux de chacun. Ses statuts peuvent à peu près tout prévoir et déroger à l'organisation classique de la gestion en commun d'un immeuble. À la condition, toutefois, d'avoir été rédigés avec soin.

> **+** La **consultation d'un notaire ou d'un avocat** est recommandée avant de créer une SCI. Il peut apprécier son opportunité compte tenu de la situation des futurs associés (importance du patrimoine et des revenus, âge, situation de famille, etc.) et de leurs objectifs (constitution d'un patrimoine locatif, transmission d'un patrimoine familial, etc.).

Mais la SCI n'est pas le seul moyen d'organiser la gestion d'un patrimoine immobilier. Ainsi, la détention d'un bien unique dont le propriétaire se réserve l'usage ne justifie pas la mise en place d'une telle structure sociale. En effet, elle requiert un minimum de formalisme lors de sa création, puis tout au long de sa vie. De plus, l'interposition d'une personne morale fait perdre certains avantages expressément réservés aux personnes physiques. Par exemple, il est impossible pour la SCI d'utiliser les plans d'épargne-logement de ses associés pour financer ses acquisitions. Ses possibilités de donner congé au locataire, en fin de bail, sont aussi plus limitées que celles d'un bailleur particulier.

Pour gérer son patrimoine

C'est dans le domaine de la gestion d'un patrimoine immobilier que la SCI peut rendre les plus grands services, à condition toutefois d'être utilisée à bon escient.

La SCI permet d'éviter l'indivision

L'indivision est le régime juridique ordinaire dans lequel se trouvent ceux qui ont hérité d'un bien immobilier, ou ceux qui l'ont acquis à plusieurs. Cette situation peu confortable aboutit souvent à des blocages, pour la simple raison que la plupart des décisions exigent l'accord des indivisaires représentant les deux tiers des parts indivises, et les décisions les plus importantes nécessitent un accord unanime. Dans une SCI, c'est le gérant qui assure la gestion courante des biens de la société, dans les limites fixées par les statuts de la société.
En outre, l'indivision présente un caractère précaire, chaque indivisaire pouvant à tout moment demander le partage des biens. Les autres ne peuvent pas s'y opposer. Ils disposent certes d'un droit de préemption sur la quote-part cédée, mais à défaut de rachat par l'un d'eux ou par un tiers, le bien doit être vendu. Dans une SCI, dont la durée est librement fixée à l'origine (dans la limite de quatre-vingt-dix-neuf ans), ce risque n'existe pas.
Un associé ne peut céder que ses parts et la cession est soumise à l'agrément des autres associés, un agrément qui peut s'appliquer, y compris en cas de transmission des parts par décès. Alors que les héritiers d'un indivisaire font automatiquement partie de l'indivision (pour plus de précisions sur tous ces points, voir p. 32 et suivantes).

> **+** D'autres montages complexes sont réalisables avec une SCI pour transmettre un patrimoine immobilier. **La seule limite à ne pas franchir est celle de l'abus de droit,** c'est-à-dire un montage qui est motivé par un intérêt exclusivement ou principalement fiscal et non patrimonial (voir p. 25).

Un outil utilisé pour transmettre un patrimoine

La constitution d'une SCI peut permettre de transmettre son patrimoine en douceur, et surtout à moindre frais. Elle permet d'étaler dans le temps la transmission des parts sociales à ses enfants, soit en pleine propriété, soit en démembrement de propriété (usufruit et nue-propriété), et de bénéficier ainsi du renouvellement (tous les quinze ans) de l'abattement fiscal sur les droits de donation. La SCI permet aussi à des concubins de s'assurer que le survivant pourra continuer à occuper la résidence principale dont ils sont propriétaires. Les statuts sont alors rédigés de façon à laisser au survivant la qualité de gérant et l'exercice de certaines prérogatives, dont la jouissance du bien.

Pour isoler ses biens professionnels

La SCI est un outil performant pour le chef d'entreprise ou le membre d'une profession libérale qui cherche à isoler le bien dans lequel il exerce sa profession des risques de son activité. Il peut constituer une SCI avec son conjoint ou un autre membre de sa famille, afin que la société acquiert ses locaux professionnels à crédit, puis les loue à son entreprise. Le loyer payé à la SCI lui permet de rembourser l'emprunt et il constitue pour l'entreprise une charge d'exploitation déductible de son résultat.

Séparer les patrimoines professionnel et privé

Les créanciers d'un entrepreneur individuel peuvent faire saisir ses biens, notamment les locaux professionnels dont il est propriétaire, pour se faire rembourser leurs impayés. La détention de ces locaux par l'intermédiaire d'une SCI permet de les mettre à l'abri de telles poursuites, car les créanciers ne peuvent alors saisir que les parts sociales de leur débiteur. Or, leur but est de recouvrer rapidement leurs créances, pas de devenir propriétaires de titres dont la valeur est réduite du passif de la SCI (notamment l'emprunt souscrit pour l'achat des locaux professionnels) et qui sont difficilement revendables. De plus, saisir les parts d'une SCI familiale implique le plus souvent de se soumettre à la procédure d'agrément préalable des autres associés prévue dans les statuts, ce qui ralentit et complique les poursuites des créanciers professionnels.

Préparer la transmission de l'entreprise

Loger l'immeuble professionnel dans une SCI peut permettre une vente plus aisée de l'entreprise. En effet, il est plus facile de trouver un acquéreur lorsque la cession ne porte que sur le seul fonds de commerce, le coût d'acquisition des murs étant souvent prohibitif. En outre, en conservant les murs, le vendeur peut continuer à percevoir les revenus des immeubles loués à l'entreprise qu'il cesse d'exploiter, complétant ainsi sa retraite, par exemple. Et cela lui permet aussi, le moment venu, de répartir plus facilement son patrimoine immobilier entre ses enfants.

> **+ La résidence principale est protégée** de plein droit des créanciers professionnels. Pour mettre à l'abri ses autres biens personnels, l'entrepreneur peut établir une déclaration d'insaisissabilité ou opter pour le statut d'entrepreneur individuel à responsabilité limitée (EIRL).

Pour alléger sa fiscalité

La constitution d'une SCI peut permettre de réaliser de substantielles économies d'impôts. Les associés peuvent diminuer le taux d'imposition de leurs revenus locatifs en cas d'option pour l'impôt sur les sociétés. Ils peuvent aussi appliquer une décote sur la valeur du patrimoine, pour le calcul des droits de donation, de succession et de leur impôt sur la fortune immobilière (IFI). Sa création doit toutefois être motivée par d'autres préoccupations que l'unique souhait de payer moins d'impôts, faute de quoi elle peut être considérée comme un abus de droit lourdement sanctionné (voir p. 25).

La valeur des parts est inférieure à celle des immeubles

La valeur des parts sociales d'une SCI est toujours inférieure à celle des immeubles qu'elle détient. Dans les SCI familiales, une décote d'au moins 10 % est admise pour tenir compte du fait qu'il n'existe pas de marché de vente des parts sociales, et que la clause d'agrément généralement incluse dans les statuts restreint la libre disposition de leurs parts par les associés. Elle peut grimper à 15 % ou 20 % pour les associés minoritaires dont les pouvoirs au sein de la SCI sont limités. L'application de ces décotes est évidemment très avantageuse en cas de transmission des parts sociales par donation ou succession, car elles permettent de réduire sensiblement les droits à payer au fisc.

Il est également moins coûteux de transmettre un immeuble acquis à crédit *via* une SCI qu'en direct. Avec une SCI, la donation des parts sociales sera taxée uniquement sur la valeur de l'actif diminuée du montant de l'emprunt restant à rembourser. Sans la SCI, le contrat de prêt imposera de rembourser la banque intégralement avant de donner le bien qu'elle a financé, de sorte que les droits de donation seront calculés sur sa valeur brute.

SCI et impôt sur la fortune immobilière (IFI)

Les associés de la SCI doivent inclure dans leur patrimoine soumis à l'IFI la fraction de la valeur vénale de leurs parts sociales représentative de biens ou droits immobiliers imposables détenus, directement ou indirectement, par la société. Cette fraction imposable est déterminée en appliquant à la valeur vénale réelle des titres le coefficient correspondant au rapport entre la valeur des biens et droits immobiliers imposables détenus par la société et la valeur vénale réelle de l'ensemble des actifs détenus par la société.

La détention d'un patrimoine immobilier au travers une société permet d'opérer une décote sur sa valeur. En effet, la valeur vénale des parts sociales est toujours inférieure à la valeur vénale de l'immeuble ramenée au nombre de parts. Ainsi, les associés d'une SCI à caractère familial soumis à l'IFI peuvent appliquer une décote d'au moins 10 % sur la valeur du patrimoine social, pour tenir compte de l'absence de marché et de l'existence de clauses d'agrément limitant la liberté de cession de leurs parts sociales. Une décote plus généreuse, de l'ordre de 15 à 20 %, est autorisée pour les associés minoritaires dont les pouvoirs au sein de la SCI sont limités. Les tribunaux ont également admis le cumul de cette décote dite d'« illiquidité » avec l'abattement applicable aux biens détenus en indivision, à propos d'un bien apporté à une SCI par des associés propriétaires indivis.

> **+** Pour une étude complète de l'IFI, voir notre ouvrage ***L'impôt sur la fortune immobilière 2020***, disponible sur la boutique de notre site.

Attention à l'abus de droit

La recherche d'un avantage fiscal est parfois l'un des motifs essentiels du recours à la SCI. Mais attention à la réaction de l'administration fiscale. Celle-ci veille en effet à ce que la création de la SCI ne soit pas exclusivement destinée à éluder ou à atténuer les droits fiscaux. De telles pratiques peuvent être considérées comme frauduleuses et tomber sous le coup de la procédure de « l'abus de droit » *(article L. 64 du Livre des procédures fiscales)*. Pour les opérations réalisées à compter du 1er janvier 2020, l'administration pourra également mettre en œuvre, à compter du 1er janvier 2021, la nouvelle procédure de «mini-abus de droit» destinée à sanctionner les montages ayant un but principalement fiscal *(article L. 64 A du Livre des procédures fiscales)*.

La répression des abus de droit

Le fisc peut établir l'existence d'un abus de droit soit en démontrant que la société est fictive (les associés ne se réunissent jamais ou ne peuvent pas produire de documents comptables, par exemple), soit, le plus souvent, en prouvant qu'elle a été constituée pour un motif exclusivement fiscal. À terme, il pourra également établir l'existence d'un mini-abus de droit en prouvant que la SCI est utilisée dans un but principalement fiscal. Bien sûr, il n'est pas interdit d'avoir des motivations fiscales pour recourir à la SCI, mais elles ne doivent pas constituer la seule (ou la principale, à terme) justification de l'opération. D'une manière générale, l'abus de droit est écarté à chaque fois que la constitution d'une SCI répond à un véritable besoin. Il peut s'agir d'éviter les aléas de l'indivision aux enfants après le décès de leurs parents, de permettre aux parents de conserver un pouvoir de décision sur la gestion des biens donnés en démembrement et/ou de les mettre à l'abri du besoin jusqu'à la fin de leur vie, de préserver la cohésion du patrimoine familial, etc. Mais il faut aussi que la SCI ait une véritable existence. Pour cela, elle doit disposer de son propre compte bancaire, avoir une comptabilité régulièrement tenue, respecter ses obligations fiscales (dépôt des déclarations notamment), réunir ses associés en assemblée générale au moins une fois par an, etc.

Certains montages suscitent la méfiance du fisc

Le fisc nourrit une vive méfiance à l'égard des montages mêlant le démembrement de propriété d'un bien immobilier à la création d'une SCI. Bien que ce schéma ne soit pas illicite en soi, le fisc estime que ce type d'opération est généralement motivé par la seule volonté de réduire les droits de donation.

Ainsi, dans une affaire ayant attiré l'attention de l'administration fiscale, des parents avaient apporté la nue-propriété de plusieurs biens immobiliers à une SCI nouvellement créée (ils conservaient donc l'usufruit des biens). Peu de temps après, ils ont donné leurs parts sociales à leurs enfants. Le fisc a remis en cause l'opération en invoquant l'abus de droit. Pour l'administration, « la création de la SCI et l'apport concomitant de la nue-propriété des biens immobiliers, immédiatement suivis de la donation des parts sociales aux enfants, dissimulent, en fait, une donation directe de la nue-propriété de l'immeuble à ces derniers ». Le fisc a notamment retenu le fait que, lors de l'apport des immeubles à la SCI, la valeur de la nue-propriété (et donc la valeur des parts sociales) a été fixée selon le barème économique, et non selon le barème fiscal de l'article 669 du Code général des impôts, fondé sur l'âge de l'usufruitier (voir p. 96), qui aurait abouti à une valeur plus élevée. Or, l'application du barème fiscal aurait été obligatoire en cas de donation directe de la nue-propriété des immeubles aux enfants. Pour le fisc, l'interposition de la SCI était donc uniquement destinée à minorer la note fiscale *(BOFiP-Impôts-Archives, BO 13 L-1-07, aff. 2005-16)*. Dans une autre affaire, la Cour de cassation a estimé qu'un contribuable qui avait donné l'usufruit d'un important patrimoine immobilier à une SCI familiale, afin de lui faire financer l'entretien de ce patrimoine grâce aux revenus locatifs qu'elle allait percevoir, constituait un abus de droit dans la mesure où l'opération avait pour but de faire échapper le donateur à l'impôt sur la fortune immobilière *(C. cass., com., 4.12.2019, n° 18-19969)*.

Dans d'autres cas, la Cour de cassation a, au contraire, estimé qu'une telle opération ne constituait pas un abus de droit car elle ne présentait pas une finalité exclusivement fiscale. La Cour a considéré, par exemple, que la constitution de la SCI avait permis au parent « d'organiser les statuts de la manière qu'il estimait la plus appropriée, conservant le contrôle de la SCI et celui des immeubles, ainsi que

la possibilité de les céder » et que l'opération lui avait permis « d'assurer après son décès la cohésion du patrimoine familial » *(C. cass., com., 26.3.2008, n° 06-21944).*
En conclusion, la prudence s'impose et il est conseillé de recueillir l'avis d'un professionnel (notaire ou avocat), avant d'envisager la mise en place de l'opération. Cela d'autant plus que la nouvelle procédure de mini-abus de droit applicable en cas de but principalement fiscal, pour les opérations réalisées depuis le 1er janvier 2020, devrait permettre de sanctionner comme abusifs davantage de montages à l'avenir.

L'abus de droit avéré est sanctionné

Lorsqu'il est établi, l'abus de droit est sévèrement sanctionné par le fisc : il considère que la constitution de la société ne lui est pas

Résidence principale et SCI : danger !

Le fisc voit d'un mauvais œil le cas du propriétaire qui apporte sa résidence principale à une SCI et continue de l'occuper en qualité de locataire. Certes, il doit déclarer dans ses revenus fonciers le loyer perçu par la SCI. Mais, surtout, l'opération lui permet de déduire des charges (des travaux, notamment) et de générer un déficit déductible de son revenu global, ce qui n'est pas possible pour une résidence principale. La création de la SCI lui permet donc d'obtenir des avantages dont il n'aurait pas bénéficié sans elle. L'opération peut être considérée par le fisc et par le juge comme constitutive d'un abus de droit dans certains cas : les occupants du logement ont le contrôle exclusif de la SCI ; leur résidence principale est le seul bien de la SCI ; la SCI est créée juste avant l'achat de la résidence principale ou la réalisation d'importants travaux ; les charges déduites sont régulièrement très supérieures aux loyers encaissés ; le loyer est dérisoire ou régulièrement impayé sans réclamation de la SCI. La procédure d'abus de droit peut aussi être mise en œuvre par le fisc lorsque la location porte sur une résidence secondaire *(BOI 13 L-1-02, aff. 2001-10 ; CE du 8.2.2019, 9e et 10e ch., n° 407641).).*

opposable. Vous êtes redevable des droits fiscaux normalement dus pour l'opération, majorés d'un intérêt de retard (0,20 % par mois), ainsi que d'une majoration de 40 % ou 80 % du montant des droits éludés. En cas de mini-abus de droit, ces sanctions ne seront pas applicables. Néanmoins, l'administration pourra appliquer d'autres pénalités, en cas de manquement délibéré ou de manœuvres frauduleuses.
La procédure d'abus de droit est mise en œuvre sur décision d'un agent ayant au moins le grade d'inspecteur divisionnaire. En cas de désaccord entre l'administration et le contribuable, le litige peut être soumis à l'avis du comité de l'abus de droit fiscal, à l'initiative de l'une ou l'autre partie. En cas d'action en justice, c'est à l'administration de prouver l'abus de droit, qu'elle se conforme ou pas à l'avis rendu par le comité de l'abus de droit. Par exception, toutefois, la charge de la preuve incombe au contribuable lorsqu'il n'a pas présenté de comptabilité ou de pièces en tenant lieu. Il en va de même lorsque sa comptabilité comporte de graves irrégularités, si l'imposition a été établie conformément à l'avis du comité (dans le cas contraire, la charge de la preuve incombe à l'administration).
Les mêmes règles s'appliqueront à la procédure de mini-abus de droit. Toutefois, elle devrait pouvoir être mise en œuvre par un agent ayant un grade inférieur à celui d'inspecteur divisionnaire.

Un avis préalable du fisc lève les risques

Afin de lever toute incertitude sur la régularité de l'opération envisagée, il est possible de faire avaliser le montage par l'administration. En effet, la procédure d'abus de droit n'est pas applicable si vous avez consulté au préalable l'administration fiscale par écrit *(article L. 64 B du Livre des procédures fiscales)*. Pour utiliser cette procédure, dite de « rescrit », vous devez fournir au fisc tous les éléments nécessaires à l'appréciation de la portée véritable de l'opération.

Dans quels cas demander le rescrit ?

Le rescrit « abus de droit » peut être demandé lorsque vous envisagez un montage juridique complexe, susceptible d'être contesté par le fisc pour abus de droit, en raison de ses implications fiscales. Il se peut que l'administration ait déjà pris position sur un cas identique à celui que vous désirez lui soumettre. Pour le vérifier, vous pouvez consulter les décisions déjà publiées sur le site : https://bofip.impots.gouv.fr.

Quand et comment demander le rescrit ?

Le rescrit « abus de droit » doit être demandé avant la conclusion du contrat ou la signature de la convention envisagée, par lettre recommandée avec avis de réception adressée à : Direction générale des Finances publiques – Service juridique de la fiscalité - Bureau des agréments et des rescrits, Batîment Turgot, 86-92, allée de Bercy, Télédoc 957, 75572 Paris Cedex 12.
Votre demande doit comporter un exposé clair de l'opération envisagée, la désignation et les coordonnées de toutes les parties au projet, les liens entre elles, et joindre la copie de tout document utile à l'appréciation de la situation. Demandez si votre analyse de la situation recueille l'accord de l'administration. La demande doit être signée par au moins une des parties à l'acte ou par un représentant habilité (avocat ou notaire, par exemple). Vous pouvez télécharger un modèle de demande de rescrit sur le site : impots.gouv.fr (saisir « rescrits abus de droit » dans la fenêtre de recherche, puis cliquer sur le lien «Les modèles de rescrits spécifiques» et le lien «rescrit abus de droit»).

Le fisc a six mois pour vous répondre

Il vous répond sans émettre d'objection : l'administration est alors engagée et ne peut pas mettre en œuvre la procédure de répression des abus de droit. À condition, cependant, que votre demande soit formulée de bonne foi, que les renseignements fournis soient exacts et complets, et que l'opération mise en œuvre corresponde à celle décrite dans votre demande. Attention, l'administration conserve la possibilité de contester l'opération sur un fondement autre que cette procédure. Par exemple, sans contester que votre opération est bien une donation, elle peut remettre en cause la façon dont les droits de donation ont été calculés.
Il vous répond, mais ne partage pas votre analyse : vous pouvez néanmoins décider de réaliser l'opération envisagée, soit dans les conditions soumises au fisc, soit dans des conditions différentes. Mais l'administration pourra la contester, au titre de l'abus de droit ou à tout autre titre.

Il ne vous répond pas : passé six mois à compter du jour de réception de votre demande, la procédure d'abus de droit ne sera pas applicable à l'opération décrite dans votre demande (sous les mêmes réserves que celles indiquées précédemment en cas de réponse positive).

GÉRER SON PATRIMOINE

Éviter les inconvénients de l'indivision

Le recours à la SCI est souvent conseillé pour écarter l'indivision dans laquelle peuvent se retrouver des héritiers, des époux ou des partenaires de Pacs ou encore de simples concubins. Elle facilite une gestion pérenne des biens possédés à plusieurs en évitant les risques de blocage et de partage qui caractérisent l'indivision.

Les lourdeurs de l'indivision

Les règles de gestion des biens indivis sont prévues par les articles 815 et suivants du Code civil. Le principe est que chaque indivisaire a les mêmes droits sur les biens. Les décisions se prennent à des majorités différentes, selon leur importance. Les actes nécessaires à la conservation d'un bien (travaux d'entretien, souscription d'une assurance habitation…) peuvent être effectués par un indivisaire seul. Les actes de gestion courante (actes d'administration), tels que les travaux de réparation ou la mise en location d'un logement, sont décidés à la majorité des deux tiers des droits indivis. Enfin, les actes plus importants de disposition (vente, donation, changement d'affection d'un local…) nécessitent l'unanimité. Il est certes possible de demander en justice l'autorisation de vendre un bien, lorsque l'unanimité n'est pas obtenue *(article 815-5-1 du Code civil)*, mais cette procédure est lourde et coûteuse (frais d'avocat…). En outre, elle nécessite de réunir un ou plusieurs indivisaires titulaires d'au moins deux tiers des droits indivis. Même si elle aboutit, un contentieux plus lourd encore peut surgir entre les indivisaires lorsqu'il s'agira de répartir le prix de vente, pour tenir compte, par exemple, des frais que certains auront pu engager durant l'indivision, notamment pour entretenir le bien.

Tout indivisaire peut demander le partage du bien

L'un des inconvénients majeurs de l'indivision est son caractère précaire. En effet, « nul ne peut être contraint à demeurer dans l'indivision et le partage peut toujours être provoqué » *(article 815 du Code civil)*. En d'autres termes, tout indivisaire peut demander à sortir de cette situation en provoquant le partage du ou des biens indivis. Cette demande entraîne souvent des difficultés, les indivisaires subissant la situation : ils doivent soit racheter les droits indivis de l'indivisaire « sortant », soit accepter leur vente à un tiers, soit encore accepter la vente de l'immeuble suivie du partage du prix entre eux. À cet égard, rappelons que le partage de biens indivis entraîne la perception d'un droit de partage non négligeable de 2,5 %, calculé sur la valeur des biens partagés (soit 5 000 euros, par exemple, pour un bien de 200 000 euros). Toutefois, par mesure de tolérance, ce droit n'est pas dû en cas de vente d'immeuble, lorsque l'acte notarié prévoit la répartition immédiate du prix entre les indivisaires *(BOI-ENR-PTG- 10-10, § 65)*. Retenez également que le taux du droit de partage sera abaissé à 1,80 % à compter du 1er janvier 2021, puis à 1,1 % à compter du 1er janvier 2022, pour les partages d'intérêts patrimoniaux consécutifs à une séparation de corps, à un divorce, ou à une rupture d'un pacte civil de solidarité.

L'impôt peut être plus lourd encore s'il s'agit de mettre un terme à une indivision entre concubins (non pacsés). Si, par exemple, l'un des concubins « rachète » la part de l'autre, cette opération donne lieu au paiement du droit de vente sur la soulte versée (et le passif pris en charge, le cas échéant), exactement comme s'il s'agissait d'une vente immobilière classique, soit 5,80 % actuellement dans la plupart des départements.

Les conventions d'indivision sont provisoires

Pour éviter les blocages liés aux règles de gestion de l'indivision, les indivisaires peuvent conclure une convention d'indivision à l'unanimité désignant l'un d'eux gérant des biens indivis. Ainsi, le gérant désigné peut accomplir seul les actes au nom de l'indivision, dans la limite des pouvoirs qui lui sont accordés. Mais cette convention est généralement conclue pour une durée maximale de cinq ans ; au-delà, elle est résiliable par tout indivisaire à tout moment. Elle ne permet donc pas de gérer le patrimoine indivis de manière aussi souple et aussi pérenne que dans le cadre d'une SCI.

> **+ D'autres conventions peuvent être envisagées** entre deux ou plusieurs indivisaires seulement. L'un d'eux peut, par exemple, reconnaître devoir à un autre la part qui lui revient, à titre d'indemnité pour l'occupation d'un bien indivis *(C. cass., civ. 1re, 4.10.2005, n° 03-19459)*.

Les avantages de la SCI

À l'opposé de l'indivision, la SCI repose sur un contrat d'une durée initiale pouvant aller jusqu'à quatre-vingt-dix-neuf ans : un avantage important concernant la stabilité de la structure de gestion d'un immeuble, particulièrement si celle-ci emprunte de l'argent dans le but de financer l'acquisition de l'immeuble. En effet, la durée du remboursement est rarement inférieure à quinze ans, ce qui s'accommode mal avec la survenance d'un partage prématuré.

Autre atout : dans une SCI, les statuts permettent d'organiser la structure de manière souple. En matière de gestion, la société est administrée par un ou plusieurs gérants qui détiennent des pouvoirs bien plus larges que ceux qui peuvent être accordés au gérant d'une indivision. Même si le gérant d'une SCI peut se voir imposer des limitations de pouvoirs dans le cadre des relations internes à la société, ses prérogatives demeurent relativement larges à l'égard des tiers : il engage la société par les actes entrant dans l'objet social, et les clauses statutaires limitant ses pouvoirs sont inopposables aux tiers *(article 1849 du Code civil)*.

En pratique, les statuts des SCI familiales confient souvent au gérant des pouvoirs étendus, grâce à une définition large de leur objet social. Il peut, par exemple, être autorisé à céder seul les biens de la société et à en acquérir d'autres par remploi de leur prix de vente.

L'immeuble en SCI est détenu indirectement par les associés

L'apport d'un bien immobilier indivis à une SCI conduit à la mise en place d'un système de détention indirecte des biens, en remplacement d'un système de détention directe. Autrement dit, les indivisaires possèdent des droits indivis sur l'immeuble, tandis que les associés d'une SCI possèdent des droits divis (en principe) sur des parts sociales : c'est la société qui détient l'immeuble. Les indivisaires, devenus associés, détiennent chacun une part du « gâteau social », c'est-à-dire les parts sociales représentatives du montant de leur apport en nature (et cela, même si l'indivision sur l'immeuble préexistait par rapport à la constitution de la société).

Dans le cadre d'une convention d'indivision, l'unanimité est toujours requise pour vendre un immeuble !

L'apport d'un bien démembré à la SCI

Outre l'indivision, il est fréquent qu'après un décès, un bien immobilier soit démembré entre un usufruitier, en général le conjoint survivant, et des nus-propriétaires, en général les enfants du défunt. Le bien démembré peut être apporté à une SCI. Dans ce cas, il est préférable de reporter le démembrement de propriété sur les parts sociales.

L'usufruitier reçoit des parts en pleine propriété

D'un point de vue financier, cette solution est pénalisante pour l'usufruitier. En effet, il ne percevra plus qu'une part des revenus qu'il produit (si l'immeuble est loué), en tant que propriétaire d'une part du capital social, alors qu'il en percevait la totalité avant l'apport, en tant qu'usufruitier d'un bien productif de revenus.
Elle est également pénalisante pour les nus-propriétaires sur le plan fiscal. Au décès de l'usufruitier, le droit viager dont il disposait sur le bien démembré s'éteint et les nus-propriétaires deviennent pleins propriétaires sans aucun droit de succession *(article 1133 du Code général des impôts)*. En revanche, si l'usufruitier a reçu des parts en pleine propriété en contrepartie de l'apport du bien démembré à la SCI, elles entrent dans sa succession à son décès. Elles donnent alors lieu au paiement de droits de succession, ce qui augmente le coût fiscal de la transmission.

L'usufruitier reçoit des parts en usufruit

En reportant sur les titres sociaux l'usufruit qui s'exerçait sur le bien apporté, l'usufruitier continue de bénéficier de la totalité des revenus produits par l'immeuble en qualité d'usufruitier des titres sociaux. Et, à son décès, les nus-propriétaires deviennent pleins propriétaires des titres, sans avoir à acquitter de droits de succession.

> \+ La **liberté statutaire laissée aux associés** permet de confier des pouvoirs importants de gestion à l'usufruitier des parts sociales. Il peut détenir la totalité des droits de vote dans les décisions collectives.

Certains spécialistes doutent que le capital de la société puisse être démembré lors de la constitution de la société (alors qu'il pourrait l'être à l'occasion d'une cession ou donation des parts), au motif que l'usufruitier n'aurait pas la qualité d'associé. Ces réserves concernent toutefois le démembrement des titres reçus en contrepartie d'un apport en numéraire et non le report du démembrement qui existait déjà sur le bien immobilier apporté à la société. De plus, elles n'ont jamais été retenues par les tribunaux. Par ailleurs, l'administration fiscale confirme expressément la possibilité de reporter le démembrement de propriété sur les parts sociales *(BOI-RPPM-PVBMI-30-10-20-10, § 20).*

EXEMPLE

Suite au décès de son mari, Mme Duval détient un immeuble locatif en usufruit. Ses deux enfants en sont nus-propriétaires, chacun pour moitié. Pour faciliter la gestion du bien, ils envisagent de l'apporter à une SCI constituée entre eux. D'après l'âge de Mme Duval et la rentabilité du bien, son usufruit est évalué à 45 % de la pleine propriété. Lors de la constitution de la SCI, les associés peuvent ne rien prévoir de particulier pour l'attribution des titres sociaux : Mme Duval se voit attribuer 45 % du capital de la société, ses enfants détenant chacun 27,5 %. Elle percevra 45 % des revenus produits par le bien. À son décès, ses enfants paieront des droits sur ces 45 % de capital, qui dépendront de sa succession. Les associés peuvent également choisir de reporter le démembrement de propriété sur les titres sociaux : Mme Duval aura l'usufruit de la totalité des parts sociales. Les statuts pourront lui conférer un droit de vote important en qualité d'usufruitier. Elle percevra, comme auparavant, la totalité des revenus produits par le bien. À son décès, son usufruit s'éteindra, et ses enfants deviendront pleins propriétaires des titres, sans droits de succession à payer.

Aménager le régime matrimonial

Le recours à la SCI permet à des époux mariés sous le régime de la communauté de s'affranchir, dans une certaine mesure, des règles régissant leur régime matrimonial : soit en autorisant l'acquisition d'un bien propre à un époux qui ne dispose pas suffisamment de fonds propres ; soit en permettant à la communauté d'acquérir le bien propre de l'un des époux.

L'achat d'un bien à titre personnel

Un époux marié en communauté qui souhaite acheter un bien à titre personnel peut utiliser des fonds propres (provenant d'une donation ou d'une succession, par exemple). Cette démarche est assez fréquente lorsqu'un époux souhaite acquérir en son nom l'immeuble abritant ses activités professionnelles. Il doit alors établir une « déclaration de remploi » lors de l'acquisition. Cependant, si les fonds propres dont il dispose ne suffisent pas pour couvrir la totalité du prix d'achat, l'époux doit recourir à un emprunt, qu'il remboursera alors avec des fonds communs.

L'utilisation de fonds communs entraîne une « récompense »

Cette situation peut poser un double problème. En premier lieu, si les fonds propres financent moins de la moitié de l'opération (en tenant compte des frais d'acquisition), le bien acquis tombe dans la communauté, malgré la déclaration de remploi *(article 1436 du Code civil)*, l'époux acquéreur ayant seulement droit à « récompense » (un dédommagement financier). Dans le cas contraire, le bien acquis par l'époux est effectivement propre, mais c'est alors la communauté qui bénéficie d'un droit à « récompense » à l'encontre de l'époux acheteur, car l'emprunt est remboursé avec des fonds communs. Le montant de cette récompense est évalué lors de la dissolution de la communauté (par divorce ou au décès d'un époux) en fonction de la valeur de l'immeuble à cette date. Ainsi, à l'issue du remboursement de l'emprunt, l'époux acquéreur risque de devoir à la communauté un montant très important.

Le recours à la SCI est une bonne solution

Pour contourner ces difficultés, l'époux acquéreur peut constituer une SCI avec son conjoint ou une tierce personne. Un capital social faible est alors souscrit, dont la libération est permise grâce au remploi des fonds propres. De ce fait, toutes les parts sociales rémunérant l'apport en numéraire réalisé par l'époux acheteur lui sont propres. Le cas échéant, les fonds communs utilisés pendant la vie de la société (pour compléter la différence entre le montant des loyers perçus par la société et celui des échéances de l'emprunt bancaire, par exemple) constituent des dettes de la société, inscrites en compte courant d'associé. Le principal avantage par rapport à la situation exposée précédemment (en l'absence de SCI) apparaît en matière de remboursement de la créance de la communauté : la SCI devra rembourser le montant du compte courant d'associé, mais ce dernier ne sera pas réévalué en fonction de la valeur de l'immeuble. Par conséquent, l'éventuelle plus-value constatée sur l'immeuble acquis ne profitera qu'à l'époux associé.

+ Les statuts de la SCI ou une décision des associés peuvent prévoir que **les comptes courants d'associés** sont productifs d'intérêts au profit de leur titulaire.

Apport en numéraire et apport de biens propres

L'apport d'une somme d'argent par un époux marié sous le régime de la communauté ne bénéficie pas du même traitement que l'apport d'un bien immobilier. Dans le premier cas, il est indispensable que l'époux déclare qu'il utilise ses fonds propres (par exemple, reçus par succession ou par donation) lors de la constitution de la société, pour que les parts sociales reçues en contrepartie soient propres (déclaration de remploi). Dans le second cas, les titres sont automatiquement propres, sans qu'aucune formalité ou déclaration ne soit nécessaire.

L'achat d'un bien propre d'un époux

La SCI peut également être utilisée par des époux mariés sous le régime de la communauté pour acheter un bien propre à l'un d'eux (qui lui appartient personnellement). Dans cette hypothèse, la SCI est constituée entre les époux, le capital social étant souscrit grâce à des fonds communs. L'époux propriétaire n'apporte pas le bien à la société, mais le lui vend, ce qui lui permet d'encaisser un prix de vente et de ne pas altérer la valeur de ses biens propres (seule la structure de ses biens propres change, des liquidités remplaçant un bien immobilier dans son patrimoine).

Acheter en couple sans être marié

Les concubins qui acquièrent un bien immobilier ensemble souhaitent généralement qu'en cas de décès, le survivant jouisse de ce patrimoine et des revenus qu'il est susceptible de générer. Cette volonté s'avère problématique à deux égards. Sur le plan juridique, si le défunt a des enfants, communs au couple ou non, la part d'héritage qu'il est possible de léguer au survivant est limitée par les règles de la réserve successorale : plus le défunt laisse de descendants, plus la part de son concubin est réduite. En outre, si les concubins ne sont pas pacsés, la transmission des biens par décès est très fortement taxée (60 % de droits après application d'un abattement de 1 594 euros). Pour contourner ces obstacles, il peut être utile de recourir à la constitution d'une SCI, couplée à une opération appelée « démembrement croisé » des parts sociales.

Le démembrement croisé des parts sociales

La technique est la suivante : après avoir constitué une SCI à parts égales, chacun des concubins échange la nue-propriété ou l'usufruit des parts sociales qui lui ont été attribuées, contre l'usufruit ou la nue-propriété des parts sociales attribuées à l'autre (voir l'exemple p. 42). L'option entre l'échange de l'usufruit et celui de la nue-propriété des parts sociales s'effectuera en considération de la fiscalité applicable en matière d'échange. En effet, lorsque l'échange est constaté, il donne lieu au versement d'un droit de 5 %, applicable aux cessions de titres de sociétés à prépondérance immobilière, sur la valeur de l'un des lots (en supposant que les deux lots échangés soient équivalents, ce qui permet de ne pas engendrer le versement d'une « soulte », c'est-à-dire d'une somme d'argent). Le montage retenu sera celui qui, fiscalement, se révélera le moins onéreux.

> **+** L'échange de la nue-propriété ou de l'usufruit des parts sociales **ne fait pas jouer la présomption** de l'article 751 du Code général des impôts (voir p. 65) et ne peut être remis en cause par le fisc au décès du premier concubin.

Au décès de l'un des deux concubins, le démembrement croisé produit ses effets : ses héritiers reçoivent en héritage la nue-propriété de la moitié des parts sociales. Par ailleurs, le concubin survivant se trouve pleinement propriétaire de l'autre moitié des parts et usufruitier du reste. Ainsi, il peut librement percevoir les fruits générés par l'immeuble de la SCI et en conserver la jouissance.

Organiser le démembrement des parts

Les prérogatives du concubin survivant peuvent être nettement augmentées grâce à des statuts rédigés de manière adéquate. Ainsi, il est opportun que le survivant soit gérant de la société, sans avoir à convoquer une assemblée des associés postérieurement au décès. Pour ce faire, il est possible, dans les statuts, de stipuler que les deux associés (les deux concubins) sont nommés en qualité de gérants pour la durée de la société. Ainsi, ils exercent leurs prérogatives de gérance de manière concurrente. Ils peuvent bénéficier chacun pleinement des pouvoirs attachés à la gérance et engager la société vis-à-vis des tiers pour les actes entrant dans l'objet social, sans devoir solliciter le concours de l'autre gérant jusqu'au décès de l'un des deux *(article 1849 du Code civil)*. Ensuite, le gérant survivant est seul aux commandes de la société. Les héritiers du concubin prédécédé, devenus nus-propriétaires de la moitié des parts sociales, ne peuvent pas révoquer le gérant en place, puisqu'ils ne disposent pas de la majorité requise pour réaliser une telle opération. De la même manière, ils ne peuvent pas, en principe, obtenir la désignation d'un second gérant. Ne leur reste que la faculté de demander en justice la révocation judiciaire du gérant. Néanmoins, une telle révocation ne peut être prononcée par le juge qu'en présence d'une cause légitime, dont l'existence est difficile à démontrer. En effet, celle-ci doit être appréciée en considération de l'intérêt social, lequel n'est pas nécessairement le même que l'intérêt d'un groupe d'associés.
Ensuite, les droits de l'associé survivant peuvent être renforcés par l'adoption d'une clause statutaire de répartition des pouvoirs, entre l'usufruitier et le nu-propriétaire de parts sociales, particulièrement favorable à l'usufruitier. Statutairement, l'usufruitier peut se voir attribuer la totalité du droit de vote dans l'ensemble des décisions

collectives, le droit du nu-propriétaire de participer aux assemblées générales devant toutefois être garanti (le nu-propriétaire des parts sociales doit notamment être convoqué en cas de réunion d'une assemblée générale). La loi prévoit en effet que les statuts ne peuvent pas déroger au droit absolu du nu-propriétaire et de l'usufruitier de participer aux décisions collectives. Ils ne peuvent pas non plus limiter ou interdire la décision prise par le nu-propriétaire et l'usufruitier de réserver à l'usufruitier un droit de vote autre que celui concernant l'affectation du résultat.

EXEMPLE

Catherine, qui a deux enfants issus d'une première union, et Fabien, sans enfant, vivent en concubinage. Ils souhaitent acquérir ensemble leur résidence principale, sans toutefois changer la future transmission de leur patrimoine. Ainsi, Fabien ne souhaite pas que ses biens reviennent aux deux enfants de sa concubine, mais préférerait qu'ils soient transmis à sa famille, ou à un éventuel enfant qu'il aurait avec sa compagne. En outre, les concubins désirent qu'en cas de décès de l'un deux, le survivant puisse se maintenir dans les lieux, voire qu'il ait la possibilité de les louer et d'en percevoir seul les loyers. Le recours à une SCI, constituée à 50/50 entre eux, avec démembrement croisé des parts sociales, peut leur être proposé.

Si les concubins sont jeunes, il est préférable de procéder à un échange de la nue-propriété des parts sociales, car celle-ci aura une valeur fiscale moindre (plus l'espérance de vie d'une personne est importante, plus l'usufruit a une valeur élevée ; voir le tableau p. 96). Au décès de l'un des concubins, l'autre détiendra la pleine propriété de la moitié des parts sociales, et l'autre moitié des parts en usufruit. Au second décès, les deux enfants de la concubine détiendront ensemble 50 % des parts sociales, et les héritiers de Fabien les 50 % restants. Au final, la transmission du patrimoine n'aura donc pas été affectée par le montage retenu.

Prévoir une tontine sur les parts sociales

Un autre moyen d'assurer la protection du concubin survivant consiste à insérer un pacte tontinier (on parle de tontine) dans les statuts de la société lors de sa constitution. Attention, cette opération n'est plus possible par la suite. Cette disposition prévoit qu'au décès d'un concubin, le survivant est réputé seul propriétaire de la totalité des parts sociales, depuis l'origine. Grâce à la tontine, les titres détenus par le défunt ne font pas partie de sa succession et ses héritiers, ses enfants notamment, n'ont aucun droit sur eux.

> La tontine constitue aussi **un bon moyen de protéger le partenaire de Pacs survivant,** notamment en présence d'enfants, même s'il n'en tire aucun avantage fiscal, dans la mesure où il est exonéré de tout droit de succession.

Sur le plan fiscal, ce procédé est plus avantageux que si les concubins achetaient le bien ensemble avec une clause de tontine dans l'acte d'achat. Dans ce cas, en effet, le concubin survivant est aussi entièrement propriétaire du bien en cas de décès, mais cet avantage donne lieu au versement de droits de succession au tarif en vigueur entre non-parents, soit 60 %, dès lors que la valeur du bien atteint ou dépasse 76 000 euros (en dessous, aucun droit n'est dû ; *article 754-A du Code général des impôts*). En revanche, si la tontine est prévue dans les statuts de la SCI, seul le droit de cession de parts sociales de 5 %, applicable aux sociétés dont l'actif est principalement composé de biens immobiliers, est dû sur l'avantage attribué au survivant.

Le recours à la tontine nécessite certaines précautions

En cas de tontine, il faut veiller à ce que celle-ci ne porte pas sur la totalité des parts sociales. Sinon, le concubin survivant se retrouverait rétrospectivement seul associé de la société, ce qui entraînerait la nullité de cette dernière. Il suffit que chaque associé détienne au moins une part hors du pacte tontinier pour que ce risque disparaisse. Mais attention, le pacte tontinier peut conduire à des situations de blocage, en cas de mésentente entre les concubins. En effet, contrairement à ce qui prévaut pour l'indivision, aucun des deux ne peut exiger le partage du bien contre la volonté de l'autre.

Gérer un patrimoine familial

La notion de SCI familiale, fréquemment employée, renvoie à plusieurs situations concernant la définition de la sphère familiale. Le droit des baux à usage d'habitation, à travers la loi du 6 juillet 1989, définit la SCI de famille comme celle constituée exclusivement entre parents et alliés jusqu'au quatrième degré. Mais elle peut également avoir pour associés des personnes parfois très éloignées : on s'attache alors plus aux liens affectifs qu'au degré de parenté. Constituée en famille, la SCI peut être très utile, pour mettre fin à une situation d'indivision existant avant la création de la société (celle née à la suite du décès d'un ascendant, par exemple), ou pour éviter la création d'une telle indivision lorsque les membres d'une même famille veulent acquérir ensemble un immeuble (une résidence secondaire, par exemple).

La gestion d'un patrimoine familial existant

La SCI peut permettre de gérer une indivision familiale, constituée lors d'une succession, par exemple. Dans cette situation, les héritiers apportent leurs droits à la société, afin que la propriété de l'immeuble qui leur a été transmis par décès soit cédée à la SCI.
Cela permet une gestion plus souple de l'immeuble, le recours à la société permettant notamment d'écarter la règle de l'administration par les indivisaires détenant au moins les deux tiers des droits indivis. La détention par la SCI permet aussi la vente éventuelle du bien immobilier, selon les règles définies dans les statuts, qui peuvent être moins rigides que celles issues de l'indivision, où l'unanimité est exigée pour réaliser ce type d'acte. Lorsque l'immeuble, avant le décès ayant donné naissance à l'indivision, appartenait en entier au défunt, bien qu'il ait été composé de plusieurs lots (plusieurs appartements loués à usage d'habitation, par exemple), la « mise en société » de l'immeuble par les indivisaires permet d'attribuer à chacun des droits divis (incarnés par les parts sociales), qu'ils pourront conserver, transmettre ou vendre par la suite. Et cela tout en évitant les effets néfastes d'un partage de l'indivision en plusieurs lots, qui conduirait à la mise en copropriété de l'immeuble familial (solution plus onéreuse).

La constitution d'un patrimoine familial

La SCI peut aussi faciliter l'acquisition d'un immeuble en famille. De nouveau, elle permet d'éviter le régime contraignant de l'indivision. Là encore, l'achat de l'intégralité d'un immeuble composé de plusieurs lots évite parfois le recours à une fastidieuse mise en copropriété du bien. Surtout, la création d'une société civile permet de garantir le maintien du bien dans un cadre familial restreint, par le jeu des clauses statutaires d'agrément.

EXEMPLE
Deux frères, Éric et Pierre, s'entendent très bien. Ils envisagent d'acquérir un immeuble à usage locatif (cinq lots, tous déjà loués) situé dans le centre de Nancy. En raison du coût d'acquisition élevé, ils souhaitent permettre à leur cousin, Michel, de participer à l'opération. En revanche, ils ne souhaitent pas autoriser l'entrée dans la société d'un associé étranger à leur famille sans l'avoir tous accepté expressément. Pour réaliser leur opération, l'indivision ne constitue pas un régime suffisamment souple, structuré et pérenne. Une SCI peut être créée, dont les statuts prévoiront la nécessité d'obtenir l'agrément unanime des autres associés (ceux dont les parts ne sont pas transmises ou cédées) en cas de transmission ou de cession des parts sociales.

Administrer le patrimoine d'un mineur

Les règles d'administration des biens des enfants mineurs ont été assouplies depuis 2016. Désormais, il existe un régime unique d'administration légale, exercée par les deux parents, ou par un seul, selon le cas. Surtout, la loi a instauré une présomption de bonne gestion des biens des mineurs par leurs représentants légaux, et supprimé le contrôle systématique du juge des tutelles. Celui-ci intervient désormais dans les situations les plus risquées, si la situation du mineur paraît l'exiger. Malgré ces évolutions, le recours à la SCI reste une solution adaptée pour constituer un patrimoine au nom d'un enfant mineur, et le gérer dans la durée. Elle constitue aussi un outil très efficace pour lui transmettre un patrimoine à moindres frais.

Une gestion simplifiée

Même si le recours au juge des tutelles n'est plus nécessaire pour acheter, vendre ou emprunter au nom d'un enfant mineur, ces opérations se réaliseront plus facilement en passant par une SCI à laquelle il est associé. En particulier, les banques prêteront plus facilement à une SCI familiale qu'à un enfant mineur sans revenus propres.

Autre avantage, le décès d'un des parents ne compliquera pas la gestion des biens immobiliers de l'enfant, qui continuera d'être assurée par le gérant de la SCI. Le parent survivant pourra alors exercer les droits de vote attachés aux parts de l'enfant, y compris pour les décisions importantes. Les statuts de la SCI peuvent même prévoir à l'avance que le parent survivant, devenu usufruitier des parts du conjoint décédé, gardera la mainmise sur la gestion des biens de la société. Ils peuvent aussi définir un objet social très large, incluant la vente des biens de la société et la souscription d'emprunts à son nom, et désigner à l'avance le parent survivant gérant de la société ; ce qui lui permettra d'accomplir librement tous les actes prévus par les statuts.

Des acquisitions facilitées

En cas d'achat à crédit d'un bien immobilier destiné à être loué, l'échéance d'emprunt et les frais restant à la charge du bailleur dépassent fréquemment le montant du loyer. Or, l'enfant mineur ne dispose pas des ressources nécessaires pour faire face à cet écart de trésorerie. S'ils recourent à une SCI, les parents peuvent combler la différence : ils deviennent alors créanciers de la SCI et leur créance est inscrite au crédit de leur compte courant d'associé. Ce compte pourra être soldé ultérieurement par la société, un fois l'emprunt remboursé. Matérialisant une dette de la société envers l'associé, ce compte présente un intérêt supplémentaire si les parents donnent leurs parts à leur enfant : il permettra de réduire la valeur des titres transmis lors du calcul des droits de donation.

Une transmission optimisée

Grâce à la SCI, la transmission du patrimoine immobilier à l'enfant peut être réalisée tôt et à moindre coût fiscal. La donation des parts sociales, peu de temps après la réalisation de l'acquisition au moyen d'un emprunt, peut être effectuée moyennant un coût fiscal minime, voire nul. La valeur des parts servant d'assiette aux droits de donation est en effet très faible : comme les droits de donation sont calculés sur la valeur nette de la société (c'est-à-dire après déduction des dettes), plus le montant de l'emprunt est important, plus la valeur de la SCI est faible, et moins la donation est taxée.

Prévoir une réserve d'usufruit sur les parts permet de réduire encore la base imposable, tout en conservant le pouvoir de décision au sein de la société. En effet, les statuts peuvent attribuer le droit de vote à l'usufruitier pour les décisions les plus importantes. Les parents peuvent également donner régulièrement des parts sociales à leurs enfants, ce qui est plus simple et facile à gérer

> **+** En principe, **les dettes contractées par une SCI** auprès d'un associé pour acquérir un actif imposable ne sont pas déductibles pour le calcul de l'impôt sur la fortune immobilière. Peu importe la forme de la dette : emprunt, compte courant, etc.

que de transmettre des droits indivis dans un bien immobilier. Ces transmissions progressives permettent une gestion optimale des abattements fiscaux (100 000 euros pour les donations entre parent et enfant), renouvelables tous les quinze ans. Attention, toutefois, aux opérations organisées dans l'unique but de réduire au maximum les droits dus au fisc, car elles peuvent tomber sous le coup de l'abus de droit.

La « vente à soi-même »

Cette technique peut être utilisée pour réaliser une optimisation fiscale à l'issue du remboursement du prêt bancaire ayant servi à l'acquisition du patrimoine. Des personnes qui font l'acquisition d'un immeuble à usage locatif peuvent légitimement en attendre un rendement financier optimal. Si le bien immobilier a été acheté, en tout ou partie, en ayant recours à un emprunt bancaire, les intérêts de cet emprunt sont déductibles, en tant que charges, du montant des revenus locatifs perçus. Au final, l'assiette de l'impôt et des prélèvements sociaux se trouve donc diminuée. Une fois l'emprunt remboursé, les charges déductibles sont mécaniquement amoindries, dans la mesure où elles ne comprennent plus d'intérêts d'emprunt. Le montant de l'imposition supportée par les propriétaires de l'immeuble, dès lors calculé sur la base d'une assiette plus large, augmente.

Le propriétaire vend son bien à la SCI

Pour générer de nouveau un volant de charges déductibles, et diminuer ainsi leur imposition, les propriétaires peuvent choisir de vendre leur immeuble locatif à une SCI, dont ils sont associés : la vente, financée à crédit par la société, est réelle car la société constitue une personne distincte.

La validité de l'opération n'est pas contestable sur le plan civil : les propriétaires sortent le bien de leur patrimoine en le vendant à une personne morale dotée de son propre patrimoine, incarnée par la société civile immobilière de gestion. Ce ne sont donc pas les mêmes personnes qui vendent et qui achètent. Ceci étant, du fait de l'esprit du montage, on désigne communément cette opération comme une « vente à soi-même ». Attention, dans une telle opération, il est préférable de maintenir le locataire dans les lieux. Le vendeur n'a donc aucun intérêt à délivrer un congé pour vendre l'immeuble au locataire : un tel congé mettrait fin au bail et donnerait la priorité au locataire pour l'acquisition de son logement *(article 15, II de la loi du 6 juillet 1989).*

> **+** La « vente à soi-même » peut entraîner **l'exigibilité de l'impôt sur la plus-value** si le bien vendu est détenu depuis moins de vignt-deux ans (moins de trente ans pour les prélèvements sociaux).

L'opération ne constitue pas un abus de droit

Le fisc risque-t-il de considérer la « vente à soi-même » comme un abus de droit ? Cela suppose qu'il démontre que la SCI est fictive ou que le montage poursuit un but exclusivement fiscal. Plusieurs raisons peuvent être invoquées pour justifier que la création de la SCI remplit d'autres objectifs que le seul contournement de la fiscalité.
En premier lieu, les vendeurs de l'immeuble ont un intérêt pécuniaire non fiscal à la réalisation de l'opération : ils encaissent un prix de vente qui leur permet d'améliorer leur trésorerie. La « vente à soi-même » apparaît, à cet égard, comme une modalité d'arbitrage patrimonial. En second lieu, il est possible de faire participer des descendants ou des tiers à la création d'une société civile immobilière.

> **+** Si la SCI à laquelle l'immeuble est vendu **fonctionne normalement**, en encaissant les loyers et en s'acquittant de ses charges, en convoquant l'assemblée des associés au moins une fois par an, etc., elle œuvre en faveur de la réalisation de son objet social et ne peut être considérée comme fictive.

Dans le premier cas, cela démontre une volonté de transmission ; dans le second, une volonté d'association et de partage du risque inhérent à toute exploitation d'un immeuble.
Cela ne signifie pas pour autant que l'abus de droit ne puisse jamais être caractérisé. Même si la jurisprudence n'est pas dense en la matière, on ne peut que déconseiller l'emploi de certains montages tendant à pousser trop en avant la logique d'optimisation fiscale.Il en va ainsi de l'hypothèse où les vendeurs utiliseraient l'intégralité du prix de vente versé par la SCI qui acquiert le logement pour garantir la créance de l'établissement bancaire ayant justement prêté des fonds à cette société. Dans cette situation, en effet, la logique d'arbitrage patrimonial légitime, dont nous avons souligné qu'elle pouvait constituer un rempart efficace à l'encontre de l'abus de droit au sens fiscal, se trouve nettement atténuée.
À noter, les dettes contractées par une SCI dans le cadre d'une vente à soi-même ne permettent pas de minorer la valeur des titres taxables à l'impôt sur la fortune immobilière. Pour le fisc, ces dettes

sociales conduisent à une diminution indue de la valeur des titres taxables. Il n'en va autrement que si le redevable justifie que la dette de la SCI n'a pas été contractée dans un objectif principalement fiscal. Tel est le cas si la dette a été souscrite avant la création de l'IFI au 1er janvier 2018, ou à une date très antérieure à celle à compter de laquelle le foyer fiscal est devenu redevable de cet impôt.

EXEMPLE

Les époux Martin ont acquis en 1998 un appartement à usage locatif situé à Lille, pour la somme de 76 225 euros. L'opération a été entièrement financée par un emprunt bancaire contracté pour une durée de quinze ans, qui a totalement été remboursé à ce jour. De ce fait, les époux Martin, qui sont fortement imposés à l'impôt sur le revenu, n'ont aucun intérêt d'emprunt à déduire des loyers qu'ils perçoivent. En constituant entre eux une SCI, chargée d'acquérir l'appartement à crédit, ils vont de nouveau générer des charges déductibles, et s'enrichir en percevant le prix de vente du bien à sa valeur actuelle sur le marché, évaluée à 150 000 euros. Dans un second temps, ils pourront envisager une donation de la nue-propriété de tout ou partie des parts sociales de la SCI, au profit de leur fils Louis, âgé de 30 ans. Ainsi, l'assiette de la donation sera moindre (grâce à l'emprunt contracté, la valeur des parts de la société sera faible), et les parents continueront de percevoir les revenus issus de la location de l'appartement.

Acheter sa résidence principale en SCI

La question de l'intérêt de l'acquisition de la résidence principale par le biais d'une société civile immobilière de gestion est fréquemment soulevée. La réponse varie en fonction de la situation des acquéreurs.

Un montage à proscrire ?

Lorsque les acquéreurs de l'immeuble sont des concubins, ils peuvent avoir intérêt à constituer une SCI, afin de pouvoir procéder à une opération de démembrement croisé des parts sociales et de permettre au survivant (à la suite du décès de l'un d'eux), de profiter paisiblement de la résidence jusqu'à son propre décès, voire d'assurer la transmission de la totalité des parts au survivant au moyen d'un pacte tontinier. Ces opérations sont détaillées p. 42.
Lorsque les acquéreurs de l'immeuble sont mariés, ont-ils le même intérêt ? À l'évidence non, si le but poursuivi est uniquement de permettre la jouissance des locaux au profit du survivant en cas de décès de l'un des conjoints : l'article 764 du Code civil offre déjà un droit d'usage et d'habitation au conjoint survivant, même si l'habitation principale des époux appartenait en propre au conjoint décédé. En revanche, le recours à une société civile immobilière peut permettre à des époux d'acquérir leur résidence principale dans des quotités librement définies lors de la constitution, qui contrarient le jeu naturel du régime matrimonial.

Les risques juridiques

Pour les couples mariés, la mise en SCI de la résidence principale permet d'optimiser sa transmission aux enfants et d'éviter au décès du premier époux la naissance d'une indivision ou d'un démembrement de propriété entre le conjoint survivant et les enfants. L'opération permet aussi de dissocier la propriété du bien et sa gestion, les parents pouvant transmettre leur résidence tout en en conservant la gestion, notamment le droit de la vendre, si les statuts de la société sont rédigés en ce sens.

Mais la détention de la résidence principale via une SCI n'est pas sans conséquence. D'abord, la protection accordée par le Code civil (article 215 al. 3) aux époux en matière de vente du logement de famille est réduite. Dans ce cas, elle ne s'applique que si l'un des époux au moins est autorisé à occuper le bien en raison d'un droit d'associé ou d'une décision prise à l'unanimité de ceux-ci *(C. cass., civ. 1re, 14.3.2018, n° 17-16482).*

Par ailleurs, les règles légales qui permettent à un époux de solliciter l'attribution préférentielle du logement familial, en cas de partage de l'indivision post communautaire, ne jouent pas sur les parts de la SCI propriétaire de la résidence principale, sauf si ce bien est le seul actif de la société *(C. cass., civ. 1re, 24.10.2012, n° 11-20075).*

Enfin, les droits légaux du conjoint survivant sur la résidence principale (droit de jouissance temporaire d'un an et droit viager) ne s'appliquent pas quand la résidence principale est détenue par une SCI, sauf si les époux ont pris soin de conclure avec la société un bail ou une convention d'occupation *(Rép. min.,* JOAN *du 25.1.2005, n° 39324).*

Les conséquences fiscales

En matière d'impôt sur la fortune immobilière (IFI), l'abattement de 30 % applicable sur la valeur de la résidence principale ne profite qu'au contribuable qui détient son logement directement, pas à celui qui le détient indirectement via une SCI. Par ailleurs, la détention indirecte de la résidence principale prive le conjoint survivant de l'abattement de 20 % applicable dans le cadre de la déclaration de succession du premier conjoint décédé.

En revanche, l'associé qui occupe le logement comme résidence principale bénéficie de l'exonération d'impôt sur la plus-value en cas de cession par la SCI de la résidence principale. Il peut aussi profiter des crédits d'impôt liés aux dépenses afférentes à l'habitation principale.

Certains prêts ne profitent pas aux SCI

Plusieurs types de prêts faisant l'objet d'une réglementation spécifique sont destinés à faciliter l'accession à la propriété (plan d'épargne-logement, compte d'épargne-logement, prêts conventionnés, prêt à taux zéro, prêts aux fonctionnaires…). Ces prêts ne peuvent pas bénéficier à l'investisseur lorsque l'acquisition est réalisée par l'intermédiaire d'une SCI, même si la société compte uniquement le couple ou les membres de la famille comme associés. Le recours à une SCI peut ainsi priver les associés de certains crédits spécifiques.

Les dangers de la location à soi-même

Que les acquéreurs d'un bien immobilier soient mariés ou non, la SCI permet-elle à ses associés d'acquérir leur résidence principale et de déduire les intérêts de l'emprunt bancaire contracté pour son financement, ainsi que le montant des travaux d'entretien, de réparation ou d'amélioration ? Cette interrogation est souvent formulée lorsqu'on se demande quel intérêt il peut y avoir à constituer une société civile immobilière.

En effet, des acquéreurs ne sauraient, en dehors d'une société, déduire ces charges : la déduction de ces dépenses n'est possible que si l'immeuble est loué… Or, sur le plan civil, bailleurs et locataires ne peuvent pas être les mêmes personnes ! La création d'une SCI permettrait donc théoriquement de contourner cet obstacle, en jouant sur la personnalité morale de la société. Le bailleur serait le propriétaire du bien, c'est-à-dire la société (même si les époux ou concubins sont les seuls associés de la SCI), tandis que les locataires seraient les époux, les partenaires de Pacs ou les concubins.

Mais attention, en dépit de la validité du procédé sur le plan civil, l'aspect fiscal de l'analyse conduit à déconseiller vivement l'utilisation de ce montage, qui paraît poursuivre un but exclusivement fiscal et peut être remis en cause pour abus de droit (voir encadré p. 27).

TRANSMETTRE UN PATRIMOINE IMMOBILIER

Transmettre par donation ou succession

La SCI constitue un excellent moyen pour transmettre un patrimoine immobilier à ses proches par donation ou succession. La cession des parts de la société peut être réalisée dans des conditions plus souples que la cession d'un bien immobilier détenu en direct, et dans un cadre fiscal plus avantageux.

Réaliser une transmission anticipée par donation

Sur le plan fiscal, donner des parts de SCI plutôt qu'un immeuble est doublement avantageux. D'une part, la valeur du patrimoine transmis peut bénéficier d'une décote. D'autre part, les droits de donation peuvent être réduits, voire totalement effacés, en cédant les parts sociales à ses proches de manière étalée dans le temps. Sur le plan civil, la SCI permet aussi de transmettre par anticipation un patrimoine immobilier à ses descendants en évitant de créer entre eux une indivision précaire plutôt lourde à gérer.

Le donateur peut conserver la gestion du patrimoine transmis

La SCI constitue un excellent moyen de donner une partie de ses biens à ses descendants tout en gardant la mainmise sur leur administration. En effet, les statuts de la société peuvent nommer le donateur gérant et lui confier des pouvoirs étendus sur le patrimoine social. Ils peuvent aussi prévoir que la révocation du gérant nécessite une décision unanime des associés. Les donataires n'ont alors qu'un droit de regard sur la gestion du donateur, en tant qu'associés, mais ils ne disposent d'aucun pouvoir de gestion propre.

> **+** Le gérant d'une SCI ne doit pas nécessairement en être associé. **Il peut s'agir d'un tiers de confiance** en charge de la gestion courante. La durée de son mandat et sa rémunération doivent être fixées dans les statuts.

Cette possibilité de dissocier la propriété du patrimoine donné du pouvoir de le gérer est particulièrement intéressante en cas de donation à un enfant mineur ou à un majeur protégé placé sous tutelle ou sous curatelle. Les parents donateurs peuvent ainsi conserver une totale liberté de gestion des biens transmis. Inversement, la SCI permet aussi de tester les compétences de gestionnaire d'un enfant donataire, en lui confiant progressivement les pouvoirs de gestion du patrimoine social. Les parents donateurs peuvent ainsi juger de son aptitude à gérer un patrimoine immobilier avant de lui transmettre la propriété des parts sociales.

Le donateur peut conserver l'usufruit des parts

Le recours à la SCI permet aussi au donateur de transmettre son patrimoine tout en conservant les revenus qu'ils produisent (des loyers). Il peut céder à ses enfants la nue-propriété des parts sociales et en conserver l'usufruit, afin de s'assurer un certain niveau de ressources sa vie durant. Cette technique ne l'empêche pas de conserver le pouvoir de gestion du patrimoine social : il suffit de prévoir dans les statuts que c'est l'usufruitier exclusivement qui dispose du droit de vote en assemblée, tout en permettant au nu-propriétaire de prendre part aux réunions. Le donateur peut ainsi se ménager dans les statuts des pouvoirs plus larges que ceux reconnus à l'usufruitier d'un immeuble. Les statuts peuvent, par exemple, prévoir que le gérant peut donner l'immeuble en location pour une période supérieure à neuf ans ou conclure un bail commercial ou rural, alors qu'un usufruitier doit obtenir l'accord du nu-propriétaire pour réaliser ou rendre efficaces ces baux. Ils peuvent aussi l'autoriser à faire effectuer les « grosses réparations » qui incombent normalement au nu-propriétaire. L'usufruitier d'un bien immobilier détenu en direct, lui, ne dispose d'aucune action lui permettant de contraindre le nu-propriétaire à procéder aux réparations s'il s'y refuse.

La transmission est réalisée à un moindre coût fiscal

La SCI permet de réduire le coût fiscal d'une transmission de patrimoine immobilier, en transmettant progressivement les parts sociales : vous pouvez donner tous les quinze ans une partie de vos parts, et bénéficier de la règle du non-rappel fiscal des donations de plus de quinze ans. Cette règle permet de reconstituer l'abattement

applicable sur la valeur des biens transmis pour le calcul des droits de donation : vous pouvez ainsi transmettre 100 000 euros de parts sociales en franchise d'impôt à chaque enfant tous les quinze ans.
En outre, la transmission par le biais d'une SCI permet souvent de régler des droits de donation calculés sur une base plus faible que si la donation portait sur les biens immobiliers eux-mêmes. En effet, pour fixer la valeur des parts sociales données, il faut tenir compte de la totalité des sommes éventuellement dues par la société lors de la donation : prêts en cours, avances consenties par les associés à la société en comptes courants d'associés. Cette déduction du passif n'est pas possible, en revanche, en cas de donation directe d'un bien immobilier, sauf si le donataire prend en charge le remboursement du crédit dans l'acte de donation.
Par ailleurs, en particulier lorsque le donataire est un associé minoritaire, les contraintes qui résultent de la mise en société et des statuts (règles de majorité, pouvoirs du gérant, clauses d'agrément, moindre cessibilité des parts…) justifient une décote de la valeur des parts sociales, par rapport à la valeur des biens immobiliers détenus par la SCI (ce que le fisc admet difficilement pour un immeuble détenu en direct). Cette « dépréciation » de la valeur des biens mis en société réduit les droits de donation. Dans le cadre d'une SCI,

La SCI facilite l'achat en démembrement

La SCI est utile pour réaliser un investissement familial en démembrement de propriété. C'est le cas, en particulier, si vous voulez acquérir ou vous réserver l'usufruit d'un bien immobilier dont vos enfants acquièrent la nue-propriété. L'acquisition de la nue-propriété par une SCI constituée entre les enfants évite, au décès de l'usufruitier, l'application de la présomption fiscale de propriété énoncée par l'article 751 du Code général des impôts. Cette présomption peut conduire à réintégrer dans l'actif de la succession la pleine propriété de l'immeuble au décès de l'usufruitier, lorsque la nue-propriété appartient directement à ses enfants **(voir p. 65)****.**

tout dépend des prérogatives reconnues à l'associé donataire et de l'importance des sujétions résultant des statuts. En pratique, une décote de 10 % à 20 % par rapport à la valeur des biens immobiliers est généralement constatée.

Organiser une transmission par succession

La SCI permet également d'organiser la transmission d'un patrimoine immobilier par succession. L'intérêt principal est alors d'éviter la survenance d'une indivision successorale qui naîtrait si c'était l'immeuble lui-même qui entrait dans la succession.

La SCI est plus stable que l'indivision

L'indivision peut conduire à une paralysie dans la gestion de l'immeuble et aboutir au partage du bien. Alors que les héritiers qui reçoivent des parts sociales de SCI sont dans une situation plus stable, ils doivent respecter les pouvoirs du gérant de la société fixés par les statuts et ne peuvent quitter librement la société, comme ils pourraient le faire dans une indivision en exigeant le partage de l'immeuble. Ils peuvent simplement céder leurs parts sociales ou exercer leur droit de retrait. Mais ils risquent alors de se voir opposer les clauses d'agrément prévues par les statuts. La SCI assure donc une meilleure stabilité en cas de décès d'un associé, d'autant plus que les pouvoirs du gérant continuent à s'appliquer, ce qui permet d'assurer la continuité de la gestion des biens immobiliers.

Transmettre sur plusieurs générations

La SCI constitue également un outil très appréciable pour les personnes qui souhaitent organiser une transmission de leur patrimoine immobilier sur plusieurs générations, en recourant aux libéralités graduelles et résiduelles. La SCI permet ainsi d'éviter que la composition du patrimoine immobilier soit totalement figée sur de longues périodes. Dans le cadre de la libéralité résiduelle, la SCI permet, en cas de vente d'un bien immobilier, de reporter les droits du second gratifié sur les biens acquis par le premier, au moyen du prix de vente des biens immobiliers qu'il a vendus. Elle évite ainsi que l'aliénation des biens par le premier gratifié ne rende caduque la donation accordée au second gratifié, ce qui serait le cas si la libéralité portait sur l'immeuble lui-même.

Transmettre à un mineur ou à un majeur protégé

Si certains héritiers sont mineurs, ou majeurs placés sous un régime de protection (tutelle, curatelle...), le recours à la SCI facilite, là encore, la gestion de leur patrimoine immobilier. La gestion courante est, en effet, assurée par le gérant, les règles souvent contraignantes des régimes de protection ne s'appliquant pas ici. Si des héritiers sont mineurs, majeurs protégés ou s'il existe plus simplement des motifs légitimes qui font douter de leur aptitude à gérer les parts sociales, il est aussi possible d'organiser l'administration des parts sociales elles-mêmes en recourant au « mandat à effet posthume ». Ce document permet de désigner un tiers de confiance qui administrera, pour une période renouvelable de deux ou cinq ans, les parts sociales aux lieu et place des représentants ordinaires de l'associé *(articles 812 et suivants du Code civil).*

> **+** Les statuts peuvent **désigner d'avance un second gérant** en cas de décès du premier, par exemple, le conjoint du gérant décédé. Une clause utile en présence d'héritiers mineurs pas encore en mesure d'assumer cette fonction.

Les clauses d'agrément

Au décès d'un associé de la SCI, celle-ci n'est pas dissoute automatiquement. En principe, elle se poursuit avec les héritiers et légataires du défunt *(article 1870 du Code civil)*, qui deviennent de plein droit associés. Toutefois, cette règle n'est pas impérative. Il est possible de prévoir dans les statuts que les héritiers du défunt (ou un légataire), ou certains d'entre eux, devront être agréés, c'est-à-dire acceptés par les autres associés pour pouvoir devenir eux-mêmes associés. Il est également possible de prévoir que la société sera dissoute suite au décès d'un associé, ou qu'elle continuera avec les seuls associés survivants.

Filtrer l'entrée des héritiers dans la SCI

L'insertion de clauses d'agrément dans les statuts de la SCI permet d'éviter l'entrée dans la société d'héritiers qui seraient jugés indésirables. Rappelons que les SCI familiales ont un caractère *intuitu personae*, elles sont constituées en fonction de la qualité de leurs associés.

Préserver le caractère familial de la société

Les clauses d'agrément sont très importantes. Elles permettent de préserver le caractère familial de la société, en conférant aux associés restants la possibilité de refuser à un ou plusieurs héritiers de l'associé décédé d'en devenir membres. Par exemple, dans une SCI familiale, les clauses d'agrément permettront aux associés restants de refuser l'entrée dans la société à un légataire des parts sociales qui serait étranger à la famille (le concubin ou le partenaire de Pacs de l'associé décédé, par exemple). Le légataire qui n'obtient pas « l'agrément » des associés restants ne peut pas entrer dans la société. Il a seulement droit à une indemnité correspondant à la valeur des parts sociales.

Rédiger avec soin les clauses d'agrément

Il est recommandé d'inclure systématiquement dans les statuts de la SCI des clauses subordonnant l'entrée des héritiers ou de certains d'entre eux à un agrément préalable des autres associés. Compte tenu de leur importance pratique et des conséquences juridiques, financières et fiscales qui peuvent en résulter, il convient d'être particulièrement attentif à la rédaction de cette partie des statuts. Elle doit être confectionnée « sur mesure », en fonction des liens familiaux ou personnels plus ou moins marqués qui unissent les associés. Il est impératif que ces clauses soient rédigées de manière précise. Elles doivent notamment : déterminer

> **+** La clause d'agrément doit **indiquer les modalités de fonctionnement de la société** pendant la période séparant un décès de la décision statuant sur l'agrément : justifications à fournir par les héritiers, neutralisation ou non des droits de vote attachés aux parts sociales du défunt, obligation de désigner un mandataire commun des héritiers…

La dissolution de la SCI suite au décès d'un associé

Les statuts peuvent prévoir que la société sera dissoute par le décès d'un associé (automatiquement ou sur option des survivants). Il est aussi possible de prévoir que les héritiers du défunt pourront choisir entre la continuation de la société ou sa dissolution. La dissolution, de plein droit ou sur décision des associés ou des héritiers, est à éviter. Elle met en péril la pérennité du projet immobilier et peut s'avérer très délicate à gérer, en particulier si elle intervient avant que les emprunts souscrits par la société aient été intégralement remboursés.

Par ailleurs, à l'issue des opérations de liquidation de la société, les biens immobiliers de la société retombent en indivision, situation juridique difficile à gérer, que le recours à la SCI a précisément souvent cherché à écarter. En outre, la dissolution peut entraîner des conséquences fiscales pénalisantes, en particulier lorsque la société est soumise à l'impôt sur les sociétés. Il est donc déconseillé, en pratique, d'insérer dans les statuts une clause prévoyant la dissolution de la société suite au décès d'un associé.

les catégories d'héritiers amenés à se voir délivrer un agrément ; fixer en détail les conditions de délivrance de l'agrément (majorité requise, délais pour statuer...) ; préciser les conséquences financières d'un refus d'agrément (modalités d'évaluation amiable des parts sociales, associés ou tiers ayant reçu un agrément pouvant être substitués aux héritiers...).

Les modalités de l'agrément

L'agrément peut être systématique. Mais il est possible de prévoir que certains successeurs en seront dispensés (les descendants de l'associé, son conjoint...). Le plus souvent, dans les SCI familiales, les statuts prévoient qu'un agrément est nécessaire pour les héritiers ou légataires autres que le conjoint ou les descendants de l'associé décédé et qui ne sont pas déjà associés. Il est parfaitement possible d'être plus restrictif et de prévoir, par exemple, que même le conjoint devra être agréé avant de pouvoir devenir associé, ou d'être moins restrictif et, par exemple, d'assimiler à l'époux dispensé d'agrément le partenaire de Pacs.

Les règles de majorité statutaires

Les statuts peuvent prévoir une majorité simple ou qualifiée, en nombre d'associé et/ou en détention du capital social, ou encore exiger l'unanimité des associés. Ainsi, il est possible d'exiger une majorité qualifiée (les deux tiers du capital social, par exemple) et de réserver, de fait, un droit de veto à un groupe familial ou à un investisseur majoritaire. En l'absence de majorité prévue par les statuts, l'agrément doit être donné à l'unanimité des associés. Il est souhaitable que les statuts précisent de manière détaillée les modalités selon lesquelles l'agrément doit être obtenu.

Le refus d'agrément des héritiers

Si l'agrément est refusé, les héritiers de l'associé décédé doivent être indemnisés. Ils reçoivent une somme correspondant à la valeur des parts sociales du défunt. Elle est versée, soit par la société elle-même qui « annulera » les parts sociales, soit par un associé ou un tiers qui aura été agréé et qui rachètera les parts.

À défaut d'accord amiable sur la valeur des parts, cette valeur doit être déterminée par un expert *(articles 1870-1 et 1843-4 du Code civil)*. Ce dernier peut être désigné, soit par les parties, soit à défaut d'accord entre elles par le président du tribunal judiciaire (statuant selon la procédure accélérée au fond).

> + Les statuts prévoient généralement que **les parts sociales de l'associé décédé** ne sont pas prises en compte pour le calcul du quorum et de la majorité, tant que l'agrément n'a pas été donné.

Le cas échéant, l'expert doit appliquer les règles d'évaluation fixées par les statuts ou par un accord entre les associés. Cette possibilité de faire fixer la valeur des parts sociales par expertise est une garantie essentielle pour les héritiers qui ne peuvent pas être privés du droit de recourir à l'expertise dans les statuts. Toutefois, cette garantie présente aussi un risque : la valeur déterminée par l'expert s'impose impérativement aux parties.

Transmettre en démembrement

Il est possible de constituer une SCI familiale en lui apportant ou en lui faisant acquérir la nue-propriété d'un bien immobilier.

Transmettre la nue-propriété par la SCI

Une personne peut transmettre à ses futurs héritiers la nue-propriété d'un immeuble, par l'intermédiaire d'une SCI. Cela permet d'écarter la présomption de l'article 751 du Code général des impôts selon laquelle, lorsqu'un bien appartenait en usufruit à une personne qui vient de décéder, et en nue-propriété à ses héritiers, le bien fait partie de la succession de l'usufruitier pour sa valeur en pleine propriété. Cette règle évite qu'une personne achète l'usufruit d'un bien et ses héritiers la nue-propriété, dans le but d'éluder le paiement de droits de succession au décès de l'usufruitier.
Toutefois, cette présomption ne joue pas si le démembrement de propriété résulte d'une donation ou d'une succession intervenue depuis plus de trois mois. Cette règle sévère ne s'applique pas non plus lorsque la nue-propriété est achetée, non par les héritiers directement, mais par une SCI. Il en va de même en cas d'apport en nue-propriété d'un bien à une SCI, l'apporteur s'en réservant l'usufruit. Dans les deux cas, la nue-propriété appartient à la société, et non à l'héritier. Le recours à la SCI est donc intéressant car il permet de sécuriser l'opération sur le plan fiscal et, si la société a une existence réelle, de prévenir toute difficulté quant à la possible application de la présomption de l'article 751 lors du règlement de la succession de l'usufruitier.

Attention aux montages trop complexes

Il peut être tentant d'aller plus loin pour alléger davantage le coût fiscal d'une donation. Des parents propriétaires d'un bien immobilier peuvent, par exemple, envisager de s'en réserver l'usufruit, en apporter la nue-propriété à la SCI qu'ils ont constituée, puis donner à leurs enfants la nue-propriété des parts reçues en contrepartie de leur apport. Ce schéma leur permettra de réduire sensiblement la valeur imposable des biens transmis aux donataires, la valeur de l'usufruit étant déduite deux fois de la base de calcul des droits de donation : la valeur des parts sociales sera déterminée en tenant compte de la seule nue-propriété de l'immeuble apporté ; la valeur de l'usufruit des parts (conservé par les parents) sera ensuite déduite de la base de calcul des droits de donation puisque seule leur nue-propriété sera transmise aux enfants. Cerise sur le gâteau, aux décès des parents usufruitiers, les enfants deviendront pleins propriétaires des parts sociales sans droit supplémentaire à payer.

> **+** L'apport de la nue-propriété d'immeubles à une SCI, suivi de la donation-partage de la nue-propriété des parts sociales à ses enfants, **ne constitue pas un abus de droit**, si l'opération a pour but de transmettre son patrimoine dans un cadre organisé, tout en conservant la maîtrise de la gestion de ses biens pour assurer sa sécurité matérielle *(C. cass., com., 21.10.2008, n° 07-18770).*

Ce montage est pourtant à proscrire car constitutif d'un abus de droit fiscal. La réserve d'usufruit prévue lors de la donation des parts de la SCI qui détient elle-même uniquement des biens en nue-propriété est en effet purement artificielle et ne correspond à aucune réalité économique. Les contribuables qui pratiquent de tels montages encourent les sanctions fiscales très lourdes applicables en matière d'abus de droit : exigibilité du complément de droits de donation, pénalité correspondant à 40 % ou 80 % de l'impôt éludé, intérêt de retard.

En revanche, l'opération consistant à apporter la nue-propriété de tout ou partie de ses biens à une SCI, puis à donner la pleine propriété des parts sociales à ses descendants (et pas seulement leur nue-propriété) n'est pas, en soi, constitutive d'un abus de droit.

EXEMPLE

Des époux âgés chacun de 65 ans veulent transmettre la nue-propriété d'un immeuble évalué à 750 000 euros. En se référant au barème fiscal d'évaluation de l'usufruit et de la nue-propriété (voir p. 96), on parvient au résultat suivant :

- lors de l'apport de la nue-propriété de l'immeuble à la SCI, la valeur de la nue-propriété est évaluée à 450 000 euros (60 % de 750 000 euros) ;
- lors de la donation de la nue-propriété des parts, une nouvelle décote de 40 % est pratiquée sur la valeur de la pleine propriété des parts sociales, évaluée à 450 000 euros. En effet, la donation porte seulement sur la nue-propriété des parts, ce qui ramène la base imposable à 270 000 euros (60 % de 450 000 euros). Au final, les donateurs pourraient ainsi transmettre, par l'intermédiaire de la SCI, la nue-propriété de l'immeuble en réduisant la base taxable à 36 % de la valeur de la pleine propriété !

GÉRER DES BIENS PROFESSIONNELS

Se protéger des créanciers

Le recours à la SCI peut permettre à un dirigeant d'entreprise de mettre l'immeuble dans lequel l'activité est exercée à l'abri de ses créanciers personnels ou professionnels. Il en va ainsi que l'entreprise soit exploitée en société ou en nom propre. La SCI permet en effet la création d'un patrimoine différent de celui des associés. Les biens de la SCI appartiennent à la société, et non aux associés.

Autre avantage, la « mise en société » du patrimoine immobilier professionnel garantit au dirigeant d'entreprise la perception d'un revenu foncier régulier, même au-delà de sa période d'activité professionnelle. Cette opération est donc susceptible de générer une épargne-retraite conséquente.

Un patrimoine distinct de celui des associés

Il existe deux possibilités pour mettre en société le patrimoine professionnel de l'exploitant : l'apport à la SCI d'un immeuble appartenant déjà à la société d'exploitation (ou à l'exploitant en nom propre), en échange de parts sociales ; l'achat de l'immeuble professionnel par la SCI à l'exploitant s'il en est déjà propriétaire, ou à une tierce personne extérieure à l'exploitation.

L'apport du patrimoine professionnel à la SCI

Lorsque l'apporteur est une société d'exploitation (c'est-à-dire une société qui exerce son activité dans les locaux concernés), c'est cette dernière qui reçoit les parts sociales, et non l'exploitant lui-même. Il n'y a donc qu'un moindre allègement de la valeur globale de l'entreprise, la valeur des parts sociales se substituant dans l'actif de la société d'exploitation à celle de l'immeuble. Cela peut poser problème à la revente de l'entreprise, l'acquéreur intéressé par le fonds ne souhaitant pas forcément reprendre les murs *via* des parts sociales qui augmenteront la valeur de l'actif du bilan.

De plus, le dirigeant ne bénéficiera pas d'un quelconque complément de revenus fonciers à l'issue de sa vie professionnelle. Pour qu'il en soit autrement, il devra sortir les parts de SCI de l'actif du bilan avant de vendre son entreprise, ce qui pourra générer une taxation importante au titre de la plus-value réalisée.

Par ailleurs, l'exploitant (société ou personne physique) étant déjà propriétaire de l'immeuble, il ne perçoit pas de prix de vente : la remise de parts sociales par la SCI constitue la seule contrepartie de l'apport de l'immeuble. Enfin, la SCI génère des revenus mais peu de charges déductibles, dans la mesure où elle n'a pas besoin de recourir à l'emprunt pour financer l'acquisition de l'immeuble.
L'imposition des associés, dans le cadre d'une SCI non soumise à l'impôt sur les sociétés, est donc plus lourde.

La vente de l'immeuble à la SCI

Pour éviter ces inconvénients, les chefs d'entreprise choisissent plutôt d'acquérir l'immeuble destiné à abriter leur activité dans le cadre d'une société civile immobilière constituée, par exemple, avec leurs conjoints et enfants. Selon le cas, le bien est vendu à la SCI par la société d'exploitation, l'exploitant en nom propre, ou par un tiers.
En principe, il est ainsi mis à l'abri des créanciers de l'entreprise (voir ci-après). Surtout, les associés de la SCI peuvent déduire des loyers imposés entre leurs mains les intérêts d'emprunt payés par la société pour acquérir l'immeuble.
Par ailleurs, à la revente de l'entreprise, son dirigeant pourra louer l'immeuble (entièrement remboursé) à l'acquéreur du fonds au travers de la SCI. Il percevra ainsi un revenu complémentaire régulier. Enfin, s'il revend ses parts ou si la SCI revend l'immeuble, la plus-value réalisée sera soumise au régime fiscal des plus-values des particuliers.

Les droits des créanciers sur les biens de la SCI

Si l'entreprise a apporté son patrimoine professionnel à la SCI constituée par son dirigeant, les parts qu'elle a reçues en contrepartie, inscrites à son actif, sont saisissables par ses créanciers, dans les mêmes conditions que ses autres actifs, en cas de redressement ou de liquidation judiciaires. En revanche, si l'entreprise loue ses locaux à la SCI qui les a acquis à crédit, ses créanciers ne peuvent saisir les parts détenues par son dirigeant que s'il a engagé son patrimoine personnel (en raison d'une confusion de patrimoines, du nantissement de ses parts...). Quoi qu'il en soit, les créanciers professionnels qui cherchent à récupérer leur dû ont peu de perspectives lorsqu'ils font saisir des parts de SCI : ils peuvent tenter de les vendre ou devenir associés de la SCI.

> **+** Inconvénients de l'achat d'un bien professionnel par une SCI, **les frais d'acquisition et les intérêts d'emprunt ne sont pas déductibles** des résultats de l'entreprise. La valeur de l'immeuble ne peut pas non plus être amortie. Seuls les loyers payés à la SCI constituent une charge déductible.

Vendre les parts de SCI saisies

S'il choisit de vendre les parts sociales, le créancier se heurtera à la difficulté de trouver un acquéreur. Qui souhaiterait intégrer une société « fermée », dans laquelle l'entente risque de s'avérer peu cordiale ? De plus, l'acquéreur éventuel obtiendra vraisemblablement une réduction importante du prix par rapport à la valeur vénale des immeubles détenus par la société. Le projet de cession des parts sociales devra encore être notifié aux autres associés en vue de leur agrément (voir p. 176). Si ce dernier est refusé, les autres associés devront racheter, ou faire racheter, les parts sociales du créancier. Cette solution n'est donc guère séduisante : au final, il aura dépensé beaucoup d'énergie pour un résultat peu satisfaisant.

Devenir associé de la SCI

L'autre solution ouverte au créancier consiste à devenir associé pour peser au sein des assemblées et obtenir la vente des immeubles appartenant à la SCI. Il doit obtenir normalement l'agrément des associés en place. Mais cette contrainte ne s'impose pas toujours : si le créancier entre en possession des parts par l'effet d'un nantissement de parts sociales (c'est-à-dire une garantie consentie par l'exploitant qui en était propriétaire), le créancier aura le plus souvent obtenu l'agrément dès la constitution du nantissement. Autrement dit, il aura pris la précaution de se faire « pré-agréer ». Une fois devenu associé, il pourra proposer en assemblée générale la vente des immeubles et la répartition du prix de vente, à condition que les statuts n'imposent pas une décision unanime pour la vente des immeubles sociaux. Auquel cas, les autres associés disposeront d'une minorité de blocage, empêchant la vente. Si tel est le cas, le créancier pourra encore tenter d'obtenir la dissolution judiciaire de la société, ou son retrait, afin d'être indemnisé de la valeur de ses droits sociaux. Là encore, le créancier pressé de recouvrer sa créance ne s'y retrouvera pas !

Des vertus protectrices à nuancer

La SCI apparaît comme un bon outil de protection à l'égard des créanciers personnels ou professionnels de l'exploitant. Mais, en pratique, certains créanciers de l'exploitation ou du dirigeant parviennent à contourner efficacement cette stratégie d'isolement patrimonial, en se faisant garantir directement par la SCI (garantie personnelle) détenant les immeubles professionnels, ou sur certains éléments du patrimoine de la société (garantie réelle). De cette manière, lorsque le débiteur n'est pas à même de faire face à ses remboursements, le créancier garanti par la SCI peut exiger le paiement de sa créance entre les mains de cette dernière. C'est pourquoi les associés de la SCI doivent se montrer extrêmement vigilants sur les garanties qu'ils consentent au nom de la société.

+ **La sûreté souscrite par une SCI en garantie** de la dette d'un tiers, dirigeant, associé ou autre, est valable dès lors qu'elle est conforme à l'objet social et à l'intérêt social *(C. cass., civ. 3e, 21.12.2017, n° 16.26500 et 20.12.2018, n° 17.26216).*

Une valeur comptable allégée

La SCI possède d'autres avantages en matière de gestion des immeubles professionnels d'un dirigeant. La dissociation entre le patrimoine immobilier professionnel et celui d'exploitation rend possible un allègement de la valeur comptable de la société d'exploitation (ou, le cas échéant, de l'entreprise exploitée en nom propre) ; ce qui permettra à un repreneur, lors de la cession de l'exploitation, de financer plus facilement son acquisition.

> **+** L'acquéreur de l'entreprise exige souvent des **garanties sur la pérennité du bail** consenti par la SCI détenant les murs d'exploitation, en particulier, en présence d'un bail professionnel qui n'offre pas la même sécurité au locataire que le statut des baux commerciaux.

La création de la SCI permet de retirer les immeubles de l'actif professionnel (ou, le cas échéant, de ne pas les y inscrire). La vente de l'entreprise en est facilitée, puisqu'elle permet d'en minorer le prix d'acquisition. L'allègement de la valeur comptable de l'exploitation produira aussi des effets bénéfiques en cas de donation : l'assiette de la donation (portant sur tout ou partie de l'exploitation) étant mathématiquement réduite, les droits seront réduits d'autant.

Optimiser la gestion de l'immobilier professionnel

Deux techniques peuvent être utilisées pour améliorer le montage consistant à acquérir ses locaux professionnels à travers une SCI, en combinant ses ressources et celles de la société d'exploitation (c'est-à-dire la société exerçant l'activité dans les locaux faisant l'objet de l'acquisition).
Il s'agit, d'une part, de l'acquisition démembrée de l'immeuble par la SCI et la société d'exploitation ; d'autre part, de l'acquisition de l'immeuble par la SCI, avec démembrement des parts sociales entre les associés et la société d'exploitation.

L'acquisition démembrée de l'immeuble

Avec cette technique, la SCI acquiert la nue-propriété de l'immeuble, tandis que la société d'exploitation dispose d'un usufruit « temporaire » (limité dans le temps). Les droits respectivement acquis par chacune des deux sociétés doivent être évalués. Bien sûr, au total, la valeur de l'usufruit et celle de la nue-propriété doivent correspondre à celle de l'immeuble en pleine propriété. Cependant, dans ce schéma, les parties auront souvent intérêt à tenter de maximiser la valeur de l'usufruit. Ce dernier étant consenti au profit d'une personne morale (la société d'exploitation), il doit être temporaire. Ce sont les parties à l'acquisition qui choisissent librement la durée de l'usufruit : plus elle est longue, plus la valeur de l'usufruit est élevée. Pour déterminer la valeur de l'usufruit temporaire, il est possible de se référer au barème fiscal (voir tableau p. 96) ou de procéder à une valorisation économique basée sur la rentabilité réelle du bien. Plus l'immeuble produit une rentabilité importante, plus la valorisation économique de l'usufruit est importante par rapport à celle issue du barème fiscal. Le recours à cette méthode offre plusieurs avantages : diminution de la somme déboursée par la SCI (laquelle n'acquiert que la nue-propriété de l'immeuble) et création d'une charge d'acquisition déductible fiscalement pour la société d'exploitation (correspondant à l'amortissement de l'acquisition de l'usufruit temporaire de l'immeuble). Mais ces avantages ne doivent pas occulter un inconvénient majeur : pendant la durée de l'usufruit temporaire, la SCI ne perçoit aucun revenu au titre de la location de l'immeuble dont elle est simplement nue-propriétaire. Il faut donc que la SCI dispose d'une trésorerie suffisante pour faire face à ses obligations pécuniaires, jusqu'à ce que la pleine propriété de l'immeuble soit réunie entre ses mains (à l'extinction de l'usufruit temporaire).

L'acquisition par une SCI dont les parts sont démembrées

Cette technique repose sur la constitution d'une SCI chargée d'acquérir la pleine propriété de l'immeuble dans lequel est exercée l'activité. La propriété de l'immeuble n'est pas ici démembrée, ce sont les parts de la SCI qui le sont : l'usufruit temporaire des parts est acquis par la société d'exploitation, la nue-propriété étant placée entre les mains de personnes physiques (qui sont généralement, en tout ou partie, les associés de la société d'exploitation). La SCI étant pleinement propriétaire de l'immeuble, le problème de trésorerie évoqué précédemment disparaît. La société d'exploitation verse un loyer à la SCI pour la location de l'immeuble. Par ailleurs, elle peut amortir le coût d'acquisition de l'usufruit des parts de la SCI.

Le fisc pourrait être tenté de contester la validité du montage, estimant que le but de l'opération est exclusivement fiscal, ce qui constitue un abus de droit. Pour contrer cette analyse, il faut établir que le but recherché n'est pas simplement fiscal, mais également civil : l'acquisition de l'usufruit temporaire des parts sociales de la SCI par la société d'exploitation lui permet de mieux maîtriser son statut de locataire, pendant la durée de l'usufruit temporaire. Dans ce cas, en effet, toute demande d'augmentation de loyer ou toute question relative au renouvellement du bail (liant la SCI et la société d'exploitation) nécessitera le recours à un vote, auquel prendra part la société d'exploitation. Encore faut-il que, au sein de la SCI, ce soit l'usufruitier (et non le nu-propriétaire) qui bénéficie du droit de vote, pour un nombre conséquent de décisions. En effet, en cas de démembrement des parts sociales, il est possible de concéder, dans les statuts, la totalité du droit de vote à l'usufruitier.

CHAPITRE 5

LA CRÉATION DE LA SCI

La rédaction des statuts

Les règles de fonctionnement de la société sont fixées dans les statuts. Ceux-ci doivent obligatoirement être établis par écrit *(article 1835 du Code civil)*. À défaut, il s'agit d'une société créée de fait ou en participation. Même si ce n'est pas obligatoire, il est fortement recommandé de faire appel à un notaire ou à un avocat spécialisé pour les rédiger. L'intervention d'un notaire est de toute façon incontournable en cas d'apport d'un bien immobilier à la SCI. Les statuts peuvent être signés par tous les associés eux-mêmes ou par un mandataire justifiant d'un pouvoir.

L'intervention d'un professionnel

À moins d'être un juriste confirmé, il est préférable de faire appel à un professionnel, notaire ou avocat spécialisé, pour lui confier la rédaction des statuts d'une SCI, car il s'agit d'un document essentiel pour son fonctionnement ultérieur. Les statuts précisent, notamment, les apports de chaque associé constituant le capital social, l'objet, le nom et le siège de la société, sa durée ainsi que ses modalités de fonctionnement. Ils peuvent prévoir la possibilité de « verrouiller » l'accès à la SCI en limitant la vente de ses parts par un associé ou leur transmission en cas de décès. Sur tous ces points, le juriste professionnel apportera de précieux conseils. Des statuts mal rédigés, imprécis ou lacunaires peuvent, à terme, générer d'importantes difficultés.

Une aide à la rédaction

Lorsque les statuts sont établis par acte notarié, un seul original suffit. Cet acte est conservé à l'étude du notaire, qui peut en délivrer des copies. En revanche, lorsqu'ils sont établis sous seing privé (par un avocat ou par les associés eux-mêmes), ils doivent être rédigés en autant d'originaux qu'il est nécessaire pour le dépôt au siège social et pour l'accomplissement des formalités de publicité requises par la loi *(article 7 du décret n° 78-704 du 3.7.1978)* : un pour les archives de la société ; un pour l'enregistrement ; un pour la demande d'immatriculation au registre du commerce et des sociétés.

Des originaux supplémentaires sont à prévoir en cas d'apport d'immeuble à la société (voir ci-après). Une copie des statuts, certifiée conforme par le gérant de la SCI, doit alors être remise à chacun des associés *(article 31 du décret n° 78-704 du 3.7.1978)*. De plus, ceux-ci doivent être publiés au service de la publicité foncière. Cette formalité incombe légalement au notaire même si les statuts sont établis par acte sous seing privé (y compris par un avocat). Dans ce cas, il est nécessaire de les remettre à un notaire qui les conservera à son étude (l'acte sera déposé « au rang des minutes ») et se chargera des formalités de publicité foncière. En pratique, il est alors préférable de passer directement par un notaire pour la rédaction des statuts de la société.

> **+** Les fondateurs d'une SCI peuvent aussi **choisir de rédiger eux-mêmes ses statuts**, en s'inspirant de statuts types. Ils doivent alors les adapter à leurs besoins et à leurs objectifs (voir le modèle p. 194).

Une aide aux formalités

Outre ses conseils et la rédaction des statuts, le professionnel va accomplir les diverses formalités nécessaires à la constitution de la SCI : enregistrement des statuts à la recette des impôts ou publication des statuts au service de la publicité foncière (tâche réservée exclusivement à un notaire) en cas d'apport d'un bien immobilier ; insertion d'un avis de constitution de la société dans un journal d'annonces légales ; établissement du formulaire administratif « M0 » relatif à la constitution d'une personne morale *(Cerfa n° 13958*04)* ; dépôt des statuts au greffe du tribunal de commerce et immatriculation de la société au RCS (pour plus de précisions sur les formalités à accomplir, voir p. 87 et suivantes).

Le notaire, une sécurité pour les SCI familiales

Il est conseillé de recourir à un notaire pour rédiger les statuts d'une SCI constituée entre une personne et un ou plusieurs de ses héritiers, par exemple entre des parents et certains de leurs enfants seulement. Si les statuts sont notariés, les éventuels bénéfices que l'enfant retirera de la société ne seront pas considérés comme une libéralité consentie par ses parents.

Au contraire, si les statuts sont rédigés par acte sous seing privé, les bénéfices sociaux que percevra l'enfant seront assimilés à une donation *(article 854 du Code civil)*. Selon la règle du « rapport » des libéralités, il devra en rendre compte vis-à-vis des autres héritiers lors du décès de ses parents. De ce point de vue, le recours à l'acte notarié est d'un intérêt moindre pour une SCI à laquelle participent tous les enfants.

Le contenu des statuts

Les statuts organisent la vie sociale de la SCI. Ils contiennent l'ensemble des règles régissant le fonctionnement de la société. Selon l'article 1835 du Code civil, ils doivent impérativement mentionner, outre les apports de chaque associé, la forme, l'objet, l'appellation, le siège social, le capital social, la durée de la société et les modalités de son fonctionnement. Leur contenu peut être adapté avec une grande liberté, de préférence avec les conseils d'un professionnel, afin d'organiser la vie sociale pour répondre au mieux aux objectifs des associés. Les statuts peuvent préciser une raison d'être, constituée des principes dont la société se dote et pour le respect desquels elle entend affecter des moyens dans la réalisation de son activité.

L'identité de la société et sa dénomination sociale

Les statuts doivent indiquer que la société revêt la forme civile. La SCI relève alors des dispositions prévues par les articles 1832 à 1870-1 du Code civil. Il faut aussi indiquer la « raison sociale » (ou « dénomination sociale ») de la SCI, c'est-à-dire son nom. Le choix du nom de la société est entièrement libre… ou presque.

> **+** La raison sociale de la SCI doit figurer **sur tous ses actes et documents destinés aux tiers**, précédée ou suivie des mots « société civile », suivis de l'indication du capital social *(article 32 du décret n° 78-704 du 3.7.1978)*.

Souvent, l'appellation fait référence à la nature de l'activité et à son lieu d'exercice, par exemple : « SCI du 14, boulevard Pasteur ». Il est aussi possible de reprendre le nom des associés. Cette liberté ne doit cependant pas entraîner de confusion avec le nom d'une autre société existante (plusieurs SCI peuvent être créées dans un même immeuble, par exemple). Il est donc conseillé de vérifier auprès du registre du commerce et des sociétés qu'aucune SCI déjà immatriculée ne porte le nom choisi ; cette vérification peut être effectuée gratuitement sur le site : infogreffe.fr.

La détermination de l'objet social

Par définition, une SCI ne peut avoir qu'un objet civil. Toute mention relative à l'achat habituel de biens immobiliers en vue de leur revente, activité par nature commerciale, est à proscrire. La définition de l'objet social est très importante puisqu'elle détermine le type d'activité que la société se propose d'exercer. L'objet doit être suffisamment général pour ne pas enfermer la société dans un cadre trop étroit. Mais il ne doit pas non plus être trop large, pour éviter que le gérant n'engage la société au-delà de la volonté des associés. En effet, dès lors qu'il agit dans les limites de l'objet social, le gérant engage valablement la société vis-à-vis des tiers.

> + L'objet de la SCI doit être licite *(article 1833 du Code civil)*. Le recours à une SCI fictive créée **pour échapper à la limitation des voix d'un copropriétaire majoritaire**, pour contourner la loi sur les lotissements ou pour exercer une activité commerciale est illicite. La nullité de la société peut alors être prononcée *(article 1844-10 du Code civil)*.

L'un des objets classiques d'une SCI est l'organisation du patrimoine privé ou professionnel des associés. Il peut être limité à la gestion et à la location du patrimoine immobilier de la société, ou étendu à l'acquisition et à la construction d'immeubles. L'objet social peut aussi prévoir que, exceptionnellement, la vente d'un immeuble sera possible, dès lors qu'elle entre dans le cadre d'une gestion patrimoniale et civile des biens des associés.

La durée de la société

Une SCI est souvent constituée pour la durée maximale autorisée de quatre-vingt-dix-neuf ans *(article 1838 du Code civil)*. Son point de départ est la date d'immatriculation au registre du commerce et des sociétés. La fin des activités que la société se propose de réaliser n'étant généralement pas programmée, cette durée permet aux associés de ne pas avoir à se poser, à court terme, la question d'une éventuelle prorogation.

Bien sûr, les statuts peuvent prévoir une durée différente (vingt, trente, ou cinquante ans, par exemple) ou indiquer une date précise à laquelle la société prendra fin. Notez que la durée de la société peut être prorogée une ou plusieurs fois, sans que chaque prorogation puisse excéder quatre-vingt-dix-neuf ans *(article 3 du décret n° 78-704 du 3.7.1978)*. Par ailleurs, le décès d'un associé n'est pas une cause de dissolution ; la société continue avec les autres associés ou avec les héritiers du défunt (sous réserve de l'application des clauses d'agrément éventuelles). De même, la réunion de toutes les parts sociales entre les mains d'un seul associé n'entraîne pas sa dissolution, à condition que la situation soit régularisée dans l'année qui suit *(article 1844-5 du Code civil)*. Les statuts peuvent aussi prévoir des causes particulières de dissolution de la SCI.

> **+** La dissolution de la SCI peut être prononcée par le tribunal à la demande de toute personne intéressée, **lorsque aucun gérant n'a été désigné par les associés** pour la diriger pendant plus d'un an *(article 1846-1 du Code civil)*.

La prorogation de la société

La prorogation de la société est décidée à l'unanimité des associés, ou, si les statuts le prévoient, à la majorité prévue pour la modification de ceux-ci. Un an au moins avant la date d'expiration de la société, les associés doivent être consultés à l'effet de décider si la société doit être prorogée. À défaut, tout associé peut demander au président du tribunal, statuant sur requête, la désignation d'un mandataire de justice chargé de provoquer cette consultation *(article 1844-6 du Code civil)*. Si la société est prorogée, les actes conformes à la loi et aux statuts antérieurs à la prorogation sont réputés réguliers et avoir été accomplis par la société prorogée.

La domiciliation de la société

Le siège social doit être fixé au lieu où le gérant exerce la direction effective de la société. Il ne correspond pas forcément au lieu d'exercice de l'activité prévue dans l'objet social. Une société basée à Paris peut exploiter un immeuble situé à Limoges, par exemple. Le lieu du siège

social est important car il conditionne : la nationalité de la société (la loi française s'applique aux SCI établies en France) ; les tribunaux compétents en cas de litige ; le lieu d'accomplissement de certaines formalités (déclarations fiscales, constitution de la société, publicité...).
Le siège social de la société est souvent fixé chez son gérant. Lorsqu'il s'agit d'un local d'habitation, il faut vérifier qu'une telle installation n'est pas interdite par le bail (si le gérant est locataire) et/ou le règlement de copropriété (s'il s'agit d'un logement en copropriété). Si c'est le cas, vous devez, préalablement à l'immatriculation de la SCI, notifier par écrit au bailleur et/ou au syndic cette domiciliation. Le siège de la société peut alors valablement être fixé pendant cinq ans dans le local d'habitation *(article L. 123-11-1 du Code de commerce)*. Passé ce délai, il faudra trouver une autre domiciliation (en signant un contrat de domiciliation, par exemple). En pratique, cependant, domicilier une SCI familiale dans un logement ne soulève généralement pas de difficultés particulières.

Le capital social

Le capital social se compose de l'ensemble des apports en nature (biens immobiliers) et en numéraire (somme d'argent) faits par les associés (pour plus de précisions, voir p. 94 et suivantes). Les éventuels apports en industrie (mise à disposition par un associé d'une compétence professionnelle particulière, par exemple) sont rarissimes dans les SCI familiales. Ils ne sont pas compris dans la formation du capital social.

Le montant du capital social est fixé librement par les associés. Aucun montant minimal n'est prévu par la loi. Il paraît cependant souhaitable, pour des raisons fiscales, de fixer un montant de capital correspondant à une évaluation réaliste des apports faits par les associés. Lorsque les associés n'apportent pas d'argent ou de bien immobilier à la SCI, mais que l'achat est réalisé avec un emprunt bancaire, le capital est souvent peu élevé.

> **+** La domiciliation d'une SCI dans un logement, sans réception de clientèle ni installation de bureaux et de personnels, **ne nécessite pas l'autorisation administrative de changement d'usage** d'un local d'habitation requise dans les grandes villes et certains départements d'Île-de-France *(article L. 631-7 du Code de la construction et de l'habitation)*.

En contrepartie de leur apport, les associés reçoivent des parts sociales. Elles représentent chacune une quote-part du capital de la SCI. Chaque part sociale a la même valeur nominale. Les associés ne recevant pas de document écrit matérialisant leurs parts sociales, seuls les statuts de la société permettent de prouver qu'ils sont détenteurs de parts de capital.

EXEMPLE
Une SCI est constituée entre deux associés. L'un apporte un immeuble d'une valeur de 180 000 euros, l'autre réalise un apport en numéraire d'un montant de 20 000 euros. Ils décident que le capital social sera fixé dans les statuts à 200 000 euros. Ce capital sera divisé en 1 000 parts de 200 euros chacune. Le premier détiendra 900 parts de la SCI, le second aura seulement 100 parts.

Le capital doit être « libéré » par les apporteurs. Les associés doivent mettre à la disposition de la société les biens immobiliers ou les sommes d'argent qu'ils ont promis d'apporter. C'est ce que l'on appelle « libérer » les apports. La loi n'exige pas une remise immédiate des apports en numéraire lors de la constitution de la société. Les modalités du versement sont librement fixées dans les statuts de la SCI. Il suffit de préciser, par exemple, que les apports pourront être libérés ultérieurement, à la demande du gérant. Cette solution permet de fixer le montant du capital à la valeur de l'immeuble, alors même que les associés ne disposent pas des fonds nécessaires à la réalisation de l'opération. La SCI finance l'acquisition avec un emprunt et les associés libèrent le capital en versant au fur et à mesure les sommes nécessaires au remboursement de l'emprunt. L'associé qui ne verse pas les sommes appelées par le gérant dans les conditions prévues par les statuts devient débiteur, vis-à-vis de la société, des intérêts de cette somme (en général au taux d'intérêt légal), ainsi que d'éventuels dommages et intérêts.

Les modalités d'accès à la société

Dans une SCI familiale, la qualité des associés et leurs (bonnes) relations sont des éléments essentiels du contrat de société. C'est pourquoi l'entrée d'un nouvel associé est encadrée par la loi :

selon l'article 1861 du Code civil, « les parts sociales ne peuvent être cédées qu'avec l'agrément de tous les associés ». Seules les cessions consenties à des ascendants (parents) ou à des descendants (enfants, petits-enfants...) du cédant sont libres, sauf dispositions contraires des statuts.

Les statuts peuvent encadrer la transmission des parts. Les conditions de l'agrément peuvent être précisées dans les statuts afin d'encadrer la transmission des parts sociales. Il en va ainsi, qu'il s'agisse de cession à titre onéreux (une vente), à titre gratuit (par donation ou par succession), d'échange de parts entre associés, ou encore d'apport isolé d'un bien ou d'une somme d'argent par un nouvel associé. De nombreux aménagements contractuels sont possibles. Ainsi, il est permis d'exclure de la procédure d'agrément des personnes qui y sont légalement soumises, des associés ou leurs conjoints, par exemple. À l'inverse, les statuts peuvent prévoir un agrément pour les cessions faites aux ascendants ou aux descendants du cédant, alors que le Code civil les en dispense *a priori*.

En revanche, il n'est pas possible de dispenser totalement d'agrément les personnes étrangères à la société ou à la famille proche des associés (c'est-à-dire autres que le conjoint et les parents en ligne directe). Pour elles, la procédure d'agrément peut simplement être aménagée, en fixant des conditions de majorité plus souples que l'unanimité normalement requise. Par exemple, les statuts peuvent prévoir que certaines personnes (des frères et sœurs, par exemple) seront agréées si la majorité des associés y consent, les autres restant soumises à la règle de l'unanimité.

Les modalités de l'agrément doivent être précisées. En principe, l'agrément d'un nouvel associé est accordé par décision unanime des associés de la SCI. Les statuts peuvent cependant convenir de règles de majorité différentes (l'accord des deux tiers des associés, par exemple), ou prévoir que l'agrément d'un nouvel associé sera accordé par le gérant de la société. Dans ce dernier cas, il faut prendre garde à ne pas accorder ainsi des pouvoirs exorbitants au gérant : il déciderait alors lui-même, et seul, de la personne à qui il vend ses propres parts. En pratique, la clause donnant le pouvoir d'agrément au gérant d'une SCI constituée entre parents et enfants, pour faciliter la transmission du patrimoine, ne présente guère de risque. Il est aussi permis de combiner les possibilités, en imposant une décision des associés pour l'agrément de certaines personnes (étrangères à la famille, par exemple) et une simple décision du gérant pour d'autres (tels les frères et sœurs des associés).

Les règles de fonctionnement de la société

Les statuts de la SCI doivent préciser « les modalités de son fonctionnement » *(article 1835 du Code civil)*. Il doivent fixer les règles de nomination du gérant et le mode d'organisation de la gérance. Ils prévoient généralement que les associés sont libres de nommer un ou plusieurs gérants.

La nomination et la révocation du gérant. Le premier gérant doit être nommé à la création de la société. C'est en principe lui qui en effectue les formalités d'immatriculation. Il est le plus souvent désigné dans les statuts, mais il peut aussi l'être par un acte distinct annexé aux statuts, ou par une décision des associés prise en assemblée générale. Sauf disposition contraire des statuts, le gérant est révocable par une décision des associés représentant plus de la moitié des parts sociales *(article 1851 du Code civil)*. Pour éviter de le mettre à la merci de ce genre de désaveu (un changement de majorité dans la SCI), il faut donc prévoir une clause adéquate, en augmentant la majorité requise pour révoquer le gérant, par exemple. Ce dernier peut aussi être révoqué en justice pour cause légitime, à la demande de tout associé. Si sa révocation est décidée sans juste motif, elle peut donner lieu au versement de dommages et intérêts.

> **+** Le gérant accomplissant tous les actes de gestion que demande l'intérêt de la société, ses pouvoirs doivent être aménagés en ce sens. En effet, **il engage la société par les actes qu'il effectue** et qui entrent dans l'objet social.

Les modalités de décisions des associés. Les décisions qui excèdent les pouvoirs reconnus aux gérants sont prises par les associés réunis en assemblée générale (ou par consultation écrite). Les statuts doivent fixer les règles de convocation et de fonctionnement de ces réunions. Ils déterminent aussi les règles de majorité à appliquer pour prendre les décisions. À défaut, ces dernières ne pourront être prises qu'à l'unanimité des associés, ce qui met la société à la merci de la moindre mésentente entre eux. Pour plus de précisions sur le fonctionnement des assemblées générales, voir p. 115.

Les formalités de constitution

L'accomplissement des formalités d'enregistrement des statuts et de publicité permet à la société d'exister aux yeux des tiers, en lui conférant une existence légale. C'est à partir de son immatriculation au registre du commerce et des sociétés que la SCI acquiert la personnalité morale, c'est-à-dire une existence juridique propre. Elle peut dès lors agir et passer des actes de manière distincte de ses associés.

L'enregistrement des statuts et la publicité

Avant d'immatriculer la société, il faut procéder à son enregistrement et faire publier un avis de constitution dans un journal d'annonces légales (JAL).

L'enregistrement des statuts

Les statuts, qu'ils soient sous seing privé ou notariés, doivent être enregistrés préalablement à l'accomplissement des formalités de publicité et d'immatriculation de la société. Le plus souvent, cette formalité fiscale est accomplie gratuitement. Depuis juillet 2015, elle n'est obligatoire que lorsque les statuts sont rédigés par acte notarié et/ou que l'acte contient une opération juridique soumise à enregistrement.

Si les associés n'ont apporté que des sommes d'argent à la SCI, l'enregistrement est effectué dans le mois suivant la signature des statuts *(article 635 du Code général des impôts)*, auprès de la recette des impôts dont dépend l'étude du notaire (statuts notariés) ou de celle du domicile d'un associé ou du siège social de la société (statuts sous seing privé).

Si les apports comportent des biens ou des droits immobiliers, l'enregistrement résulte de la formalité de publicité foncière auprès du service chargé de celle-ci dont dépend l'immeuble. Cette formalité doit être effectuée par le notaire dans le délai d'un mois à compter de la signature des statuts *(article 647, III du Code général des impôts)*.

L'insertion dans un journal d'annonces légales

Après l'enregistrement des statuts, un avis de constitution doit être publié dans un journal d'annonces légales du département du siège de la SCI. Il reprend les éléments essentiels permettant d'identifier la société (raison sociale, forme, capital, siège social... ; *article 22 du décret n° 78-704 du 3.7.1978*). L'avis doit être signé par le notaire si les statuts sont notariés, ou par l'un des associés ayant reçu un pouvoir spécial à cet effet s'ils sont rédigés sous seing privé.

L'immatriculation de la société

Les formalités relatives à l'immatriculation de la société au registre du commerce et des sociétés sont concentrées dans un lieu unique, le Centre de formalités des entreprises (CFE). Pour l'immatriculation d'une société civile, le greffe du tribunal de commerce dont dépend la société fait office de CFE. Cette étape est décisive, puisque c'est à compter de l'immatriculation que la société peut se prévaloir de la « personnalité morale » et agir en son nom propre. La demande d'immatriculation d'une société civile est établie au moyen d'un imprimé « M0 – Société civile » *(Cerfa n° 13958*04)*. Ce document et sa notice explicative peuvent être téléchargés sur le site : service-public.fr, rubrique « Professionnels », puis « Services en ligne et formulaires ». Cette demande doit être accompagnée de divers documents : deux exemplaires des statuts, une copie authentique s'ils sont notariés, une copie de l'avis de constitution publié dans un journal d'annonces légales ; la photocopie de la carte d'identité ou du passeport du gérant ; la copie de tout document prouvant que la SCI dispose bien de la jouissance des locaux de la société (titre de propriété, copie du bail, contrat d'abonnement au téléphone...).
Le greffier du tribunal de commerce procède à l'immatriculation de la SCI en lui attribuant un numéro d'identité (numéro « Siren ») et délivre un extrait « Kbis » qui permet d'attester de l'existence de la société à l'égard des tiers. Il fait ensuite paraître un avis de constitution au *Bulletin officiel des annonces civiles et commerciales (BODACC)*.

La reprise des engagements pris pendant la création

Le plus souvent, les associés réalisent des opérations pour le compte de la SCI en cours de formation (signature d'un compromis de vente, par exemple). La société ne disposant de la capacité juridique qu'à partir de son immatriculation, les associés sont personnellement responsables des obligations nées des actes qu'ils ont accomplis avant. Pour que cette responsabilité soit transférée à la société, celle-ci doit reprendre les engagements pris avant l'immatriculation. Il faut donc indiquer dans les actes passés par les associés qu'ils sont passés « pour le compte de la SCI X., société en formation » et en annexer la liste aux statuts. Son immatriculation entraîne alors la reprise de ces actes. Celle-ci peut aussi être décidée, une fois la société immatriculée, par une délibération spéciale des associés, prise en assemblée générale.

Par ailleurs, les associés peuvent donner mandat à l'un ou plusieurs d'entre eux ou au gérant non associé, dans les statuts ou par acte séparé, de prendre des engagements pour le compte de la SCI. Le mandat doit alors déterminer l'étendue des pouvoirs délégués aux personnes mandatées.

Les attributs de la personnalité morale

Une fois immatriculée, la société devient une personne morale distincte des associés personnes physiques. Dotée de la capacité juridique, elle peut signer tout contrat qui entre dans son objet social (acheter un immeuble, signer un contrat de location, souscrire un emprunt…). La société dispose d'un patrimoine propre qui ne se confond pas avec le patrimoine de chacun des associés. Par exemple, les associés ne peuvent pas utiliser le compte courant de la société pour régler des dettes personnelles.

La modification des statuts

Les associés réunis en assemblée générale peuvent décider de modifications affectant les statuts : transfert du siège social dans un autre lieu, changement de gérant, modification de l'objet social ou du nom de la société, augmentation de capital… Tout changement statutaire doit être publié dans un journal d'annonces légales.

Deux exemplaires de la décision des associés (procès-verbal de l'assemblée générale) et deux exemplaires des statuts modifiés doivent être déposés au registre du commerce et des sociétés dans le mois qui suit la modification. Ces documents doivent être certifiés conformes par le gérant et accompagnés du formulaire de modification « M2 » *(Cerfa n° 11682*06)* ou « M3 » (*Cerfa n° 11683*03* en cas de changement de gérant), disponible sur le site : service-public.fr, rubrique « Professionnels », puis « Services en ligne et formulaires ».

Le coût de constitution d'une SCI

L'intervention d'un professionnel pour la création d'une SCI a un coût. Les honoraires d'avocat ne sont pas tarifés, mais fixés librement par le juriste, en accord avec son client. Il faut donc se renseigner à l'avance sur le montant des honoraires de l'avocat consulté. Ceux du notaire ne sont que partiellement tarifés. Dans tous les cas, il faut aussi payer les frais de publicité et d'immatriculation de la SCI.

Les honoraires du notaire

Outre les honoraires « libres », le notaire peut prétendre à des émoluments tarifés en cas d'apport d'un bien immobilier au capital de la société.

Les honoraires libres. Ils sont fixés librement par le notaire, en accord avec son client *(article annexe 4-9, 4° au Code de commerce)*. Ils sont par conséquent négociables, au besoin en faisant jouer la concurrence. Il faut compter 500 euros HT au minimum, voire plus selon la complexité du dossier. L'intervention du professionnel ne se limitera pas à rédiger les statuts, mais à faire immatriculer la SCI au registre du commerce et des sociétés.

> + Le notaire peut accorder **une remise sur les émoluments proportionnels** de certaines prestations, au-delà d'un seuil (150 000 euros ou plus). Elle ne peut pas dépasser 10 % et doit s'appliquer à tous les clients de l'étude.

Les émoluments proportionnels. En cas d'apport d'un bien immobilier à la société civile immobilière, et lorsque cet acte est constaté dans les statuts, le notaire a droit, en plus des honoraires non tarifés, à des émoluments proportionnels à la valeur de ce bien immobilier. Ils sont calculés en appliquant un barème proportionnel.

Les autres frais

Certains frais doivent être ajoutés aux honoraires du notaire. Le plus souvent, la constitution de la SCI n'est pas taxée par le fisc.

Les frais de publicité et d'immatriculation. Comptez entre 200 euros et 250 euros pour les frais liés à la publication de l'annonce légale de constitution de la SCI (variables selon la taille de l'annonce), ainsi que les frais d'immatriculation de la société au registre du commerce et des sociétés (*via* le Centre de formalités des entreprises). En outre, en cas d'apport d'un bien immobilier à la société, les statuts doivent être publiés au service de la publicité foncière, ce qui donne lieu au versement d'une taxe, la contribution de sécurité immobilière, égale à 0,10 % de la valeur du bien immobilier *(article 881 K du Code général des impôts).*

Les droits fiscaux. En général, une SCI n'est pas soumise à l'impôt sur les sociétés, chaque associé étant imposable au titre de son propre impôt sur sa quote-part dans les éventuels bénéfices de la société (les loyers, par exemple). Par ailleurs, les apports de chaque associé réalisés lors de la constitution de la société sont le plus souvent « purs et simples », c'est-à-dire qu'ils ne leur donnent droit qu'à l'attribution de parts sociales et qu'ils les exposent à tous les risques de l'entreprise, notamment à la perte de leur apport. Dans ces conditions, l'enregistrement de la société n'est pas taxé par le fisc, quel que soit le type d'apport : argent ou bien immobilier.

LA RÉALISATION DES APPORTS

Les différents types d'apports

Les apports sont les biens mis en commun dans la société par les associés. Ils peuvent être effectués en nature (apports de biens ou de droits immobiliers, notamment) ou en numéraire (apport d'une somme d'argent). Leur réalisation entraîne le transfert de propriété ou de jouissance du bien ou de la somme au profit de la société. L'apporteur acquiert la qualité d'associé et reçoit, en contrepartie, un nombre de parts sociales proportionnel à la valeur de son apport. Le total des apports des associés forme le capital social de la SCI. Il n'est pas nécessaire que la valeur ou la nature des apports des différents associés soient identiques ou de même valeur.

Les apports en nature

Dans une société civile immobilière, ils sont essentiellement constitués par des biens immobiliers. L'apport peut porter sur la pleine propriété du bien ou sur une fraction de propriété simplement : usufruit, nue-propriété, droit de jouissance. Pour apporter un bien immobilier à la SCI, il est nécessaire de faire appel à un notaire. C'est lui qui se charge de rédiger l'acte et de le faire publier au service de la publicité foncière du lieu de situation de l'immeuble. La publication doit être effectuée avant l'immatriculation de la société au registre du commerce et des sociétés.

> **+** Dans une SCI, les apports en industrie (l'apport d'un savoir-faire) sont extrêmement rares et **ils ne sont pas pris en compte** dans la fixation du capital social. Ils ne sont pas abordés dans cet ouvrage.

L'évaluation des apports en pleine propriété

Les associés déterminent librement la valeur du bien apporté à la SCI. En principe, l'évaluation correspond à la valeur vénale de l'immeuble, c'est-à-dire le prix auquel l'immeuble pourrait être vendu s'il était mis sur le marché. Cette valeur peut être déterminée par comparaison avec des biens similaires situés dans le même secteur géographique. Un professionnel de l'immobilier (notaire, agent ou

expert immobilier) peut vous aider à en estimer le prix véritable. Une juste évaluation des biens apportés est déterminante, dans la mesure où les droits de chaque associé dans le capital social sont proportionnels à leurs apports.
À noter, la réévaluation libre des actifs par une SCI non soumise à l'impôt sur les sociétés dont les associés sont des personnes physiques non soumises à l'impôt sur les bénéfices est sans conséquence sur le plan fiscal *(CE, 19.9.2018, n° 409864).*

L'apport de biens indivis

L'apport d'un bien détenu en indivision requiert l'accord unanime de tous ses propriétaires, appelés indivisaires *(article 815-3 du Code civil).* Il peut être rémunéré par l'attribution à chaque apporteur d'un nombre de parts sociales correspondant à sa quote-part dans l'indivision.
Les apporteurs peuvent aussi demander l'attribution de parts sociales en indivision, auquel cas l'indivision des parts sociales de la société se substitue à l'indivision portant sur le bien lui-même. Ils doivent alors désigner un mandataire unique pour les représenter. Dans les deux cas, les indivisaires (et non l'indivision dans son ensemble) acquièrent personnellement la qualité d'associés. Mais lorsque les apporteurs demandent l'attribution de parts sociales en indivision, les problèmes d'organisation susceptibles d'intervenir dans le cadre d'une indivision risquent de se reproduire en matière de vote dans le cadre de la société.

> Il est possible d'apporter, seul, sa **quote-part d'un bien détenu en indivision**. Dans ce cas, le droit de préemption bénéficiant aux autres indivisaires en cas de vente de droits indivis ne s'exerce pas. Cette solution est déconseillée car c'est alors la SCI qui se retrouve membre de l'indivision.

L'apport de droits démembrés

Il est possible de limiter son apport à l'usufruit ou à la nue-propriété d'un bien immobilier. L'apport donne droit à l'attribution de parts sociales en pleine propriété, calculées en fonction de la valeur du droit apporté (voir le tableau ci-dessous).

En cas d'apport de l'usufruit, la SCI peut exercer toutes les prérogatives attachées à ce droit : elle peut utiliser le bien ou en tirer des revenus par sa mise en location. En revanche, elle ne peut pas le vendre. Attention, la durée maximale de l'usufruit apporté à une société ne peut pas excéder trente ans *(article 619 du Code civil).*

En cas d'apport de la nue-propriété, la société ne peut pas utiliser l'immeuble, ni pour ses associés ni pour le mettre en location. Elle en deviendra pleinement propriétaire au décès de l'usufruitier, ou au terme de l'usufruit s'il a été constitué pour une durée temporaire.

Le nu-propriétaire et l'usufruitier apportent chacun leur droit. La SCI dispose alors de l'ensemble des prérogatives d'un plein propriétaire. Les apporteurs reçoivent des parts sociales en pleine propriété, en fonction de la valeur respective de leur droit. Il est aussi possible de reporter le démembrement de propriété initial de l'immeuble sur les parts sociales rémunérant l'apport.

Barème de calcul de la valeur de l'usufruit *(art. 669 du CGI)**

ÂGE DE L'USUFRUITIER	VALEUR DE L'USUFRUIT	VALEUR DE LA NUE-PROPRIÉTÉ
Moins de 21 ans	90 %	10 %
De 21 à 30 ans	80 %	20 %
De 31 à 40 ans	70 %	30 %
De 41 à 50 ans	60 %	40 %
De 51 à 60 ans	50 %	50 %
De 61 à 70 ans	40 %	60 %
De 71 à 80 ans	30 %	70 %
De 81 à 90 ans	20 %	80 %
De 81 à 90 ans	20 %	80 %
À partir de 91 ans	10 %	90 %

* Usufruit viager

L'évaluation de l'apport d'un droit démembré

Les valeurs respectives de l'usufruit et de la nue-propriété d'un bien immobilier sont déterminées à partir de sa valeur en pleine propriété.

En principe, l'évaluation est établie à partir du barème fiscal forfaitaire prévu à l'article 669 du Code général des impôts (voir le tableau p. 96), basé sur l'âge de l'usufruitier. Mais les associés peuvent aussi retenir la valeur économique de leurs droits démembrés.

> **L'apport d'un droit d'usage et d'habitation** à la SCI est évalué par le fisc à 60 % de la valeur de l'usufruit viager du bien sur lequel porte ce droit.

Dans le barème fiscal, la valeur de l'usufruit est déterminée en pourcentage de la valeur en pleine propriété, selon l'âge de l'usufruitier au moment de l'apport. Par exemple, l'usufruit d'un bien d'une valeur de 400 000 euros détenu par une personne âgée de 75 ans est évalué à 120 000 euros (30 % de 400 000 euros). La nue-propriété représente donc 280 000 euros (400 000 euros - 120 000 euros).

Pour déterminer la valeur économique des droits, il faut prendre en considération à la fois la durée probable de l'usufruit et la rentabilité supposée de l'immeuble (5 % par an, par exemple). L'espérance de vie théorique de l'usufruitier peut être déterminée à partir des tables de mortalité utilisées par les notaires. L'évaluation économique de l'usufruit est complexe et il est recommandé de faire appel à un professionnel pour la calculer (notaire, avocat...). En principe, elle est supérieure à l'évaluation du barème fiscal, dès lors que le taux de rendement du bien est supérieur à 3 %.

> Lorsqu'une SCI rachète à une autre SCI l'usufruit d'un ensemble immobilier constitué pour la durée de vie d'une personne, **l'assiette des droits d'enregistrement** doit être établie **à partir du barème fiscal de l'usufruit**. Peu importe que l'usufruit constitué entre personnes morales ne puisse pas excéder 30 ans *(C. cass., com., 26.9.2018, n° 16.26503).*

Attention au droit de préemption des communes

Dans certaines communes, la mairie dispose d'un droit de préemption urbain (DPU). Elle peut acheter en priorité un bien immobilier mis en vente, en se substituant à l'acheteur initial, mais aussi un bien qui doit être apporté à une SCI. Dans ce dernier cas, la déclaration d'intention d'aliéner (DIA) doit être accompagnée d'un état de la situation sociale, financière et patrimoniale de la SCI *(article L. 213-1-2 du Code de l'urbanisme)*. Concrètement, le notaire doit, avant la réalisation de l'opération, adresser la déclaration au maire en indiquant la valeur estimée de l'immeuble. La commune a deux mois pour décider d'acquérir le bien ou non. Si elle renonce à préempter, le bien peut être apporté à la société.

Notez que les biens immobiliers construits depuis moins de dix ans ne sont pas soumis au DPU, sauf en cas de DPU « renforcé ». En outre, même dans ce cas, le DPU ne joue pas en cas de cession de parts de SCI dites « familiales », c'est-à-dire constituées entre parents et alliés jusqu'au quatrième degré inclus *(article L. 213-1, 3° du Code de l'urbanisme)*. Un droit de préemption bénéficie aussi à l'État ou au département lorsque le bien est situé dans une zone d'aménagement différé (ZAD), ou au profit de la Safer (Société d'aménagement foncier et d'établissement rural), lorsque l'apport concerne des terres agricoles.

Les apports en numéraire

Ce sont les sommes d'argent que les associés se sont engagés à verser à la société. Les fonds doivent en principe être « libérés », autrement dit versés lors de la création de la SCI. Cependant, les statuts prévoient généralement qu'ils seront versés ultérieurement, sur demande du gérant de la société. Cela permet à un associé d'entrer dans le capital de la SCI, alors qu'il ne dispose pas immédiatement des fonds pour le faire. Il peut alors recourir à un emprunt pour financer son apport, ou mettre les sommes à disposition de la société de manière progressive, par l'intermédiaire du compte courant d'associés.

La libération des apports en numéraire

Il s'agit du versement effectif des sommes que les associés se sont engagés, dans les statuts, à apporter à la SCI. Les associés étant responsables du paiement des dettes sociales sur leur patrimoine personnel, la loi n'exige pas le versement effectif des sommes apportées au moment de la constitution de la société. Très souvent, les statuts prévoient que les sommes seront versées ultérieurement, sur demande du gérant. L'associé qui ne verse pas les fonds en temps et en heure devient alors automatiquement débiteur des intérêts de cette somme (en général au taux légal), à compter du jour où elle devait être payée, ainsi que d'éventuels dommages et intérêts. La libération différée des apports en numéraire permet de fixer le montant du capital social à la valeur de l'immeuble acquis par la SCI (au moyen d'un emprunt), alors même que les associés ne disposent pas des fonds nécessaires à la réalisation de l'apport. Il est aussi possible de libérer le capital par compensation avec les bénéfices revenant aux associés (c'est-à-dire avec les loyers perçus par la société). Chaque année, l'assemblée générale de la société peut ainsi décider d'affecter les bénéfices des associés à la libération de leur apport dans le capital de la SCI.

> **+** Si l'objectif est de transmettre le patrimoine détenu par la SCI (aux enfants, par exemple), il est **plus intéressant de financer l'acquisition** des biens en faisant souscrire un emprunt à la société, car son montant est déduit de la valeur des parts retenue pour le calcul des droits de donation.

Financer son apport par un emprunt

Il est assez rare, en pratique, que les fonds propres des associés leur permettent de financer intégralement l'acquisition d'un immeuble. Le recours à l'emprunt est donc très fréquent. Il existe deux possibilités de financement :

- les associés contractent un prêt personnel pour libérer les apports qu'ils ont promis d'effectuer ;
- la SCI emprunte elle-même pour financer l'acquisition de l'immeuble.

Dans les deux hypothèses, les intérêts du prêt peuvent être déduits des revenus fonciers perçus par la société (lorsque l'immeuble est loué) et imposés entre les mains des associés.

EXEMPLE

Libération différée des apports. Une SCI est constituée par trois associés pour l'achat d'un bien d'une valeur de 400 000 euros. Le capital social peut être fixé à ce montant, même si les associés ne disposent pas effectivement de cette somme. Chacun d'entre eux apporte 50 000 euros à la constitution de la SCI, soit 150 000 euros au total. Les 250 000 euros restants sont financés par un prêt immobilier. Les associés libéreront le capital au fur et à mesure du versement des sommes nécessaires au remboursement des mensualités de l'emprunt. Au final, la libération du capital social correspondra au terme du prêt.

Faire des avances en compte courant

Les versements (ou avances) des associés sur le compte courant de la société peuvent être utilisés pour libérer progressivement le capital social de la SCI. Rappelons qu'une avance en compte courant constitue un prêt consenti par un associé à la SCI. Elle ne figure donc pas au capital social et ne donne pas lieu à l'attribution de parts sociales. L'associé devient créancier de la société et la libération du capital social peut s'effectuer par compensation avec cette créance. Pour alimenter le compte courant de la société, les associés peuvent y verser directement l'argent ou laisser à sa disposition les sommes qu'ils doivent recevoir, les bénéfices tirés des loyers, par exemple.

La rémunération des apports

La réalisation d'un apport confère à l'apporteur la qualité d'associé. Il participe alors à la vie sociale de la SCI et peut exercer tous les droits attachés à cette qualité : droit aux bénéfices, droit de vote en assemblée générale… La qualité d'associé le rend aussi responsable des dettes de la société, à hauteur de sa quote-part dans le capital. En principe, l'apporteur est rémunéré par l'attribution de parts sociales de la SCI mais son apport peut aussi être rémunéré de manière différente.

> Les associés peuvent fixer un capital social inférieur à la valeur de leurs apports. La différence **constitue une dette de la société** envers les associés, inscrite au compte courant.

Les apports purs et simples

Que l'apport soit réalisé en nature ou en numéraire, l'apporteur est normalement rémunéré par l'attribution de parts sociales de la SCI, correspondant à la valeur du bien apporté : on parle d'apport « pur et simple ». Chaque part sociale représente une fraction du capital social de la SCI. C'est le nombre de parts sociales détenues par chacun des associés qui va déterminer leur poids respectif dans la société. En effet, le nombre de voix dont dispose un associé en assemblée est calculé, sauf disposition contraire des statuts, en fonction du nombre de parts sociales dont il dispose.

Les apports à titre onéreux et mixtes

Les associés peuvent décider de modalités de rémunération différentes. L'apport est à titre onéreux lorsque l'associé est rémunéré autrement que par des droits sociaux. Dans la plupart des cas, la rémunération consiste en la prise en charge, par la SCI, d'un passif incombant à l'apporteur (l'emprunt souscrit pour acquérir l'immeuble apporté, par exemple). Ces apports ne concernent donc, par définition, que des apports en nature. L'apporteur ne recevant pas de parts sociales, il n'a ni le droit de percevoir des bénéfices, ni l'obligation de supporter les pertes.
Lorsque l'apport est « mixte », l'associé est rémunéré pour partie par la remise de parts sociales et pour partie par un avantage

définitivement acquis à l'apporteur : versement d'une somme d'argent ou reprise d'une dette par la SCI. Il est donc soumis au régime des apports « purs et simples » pour la partie rémunérée par des parts de la SCI, et au régime des apports à titre onéreux pour l'autre partie. Les associés sont libres de désigner quelle partie de leur apport constitue un apport « pur et simple » et quelle partie en constitue un à titre onéreux. Cela peut être utile pour déterminer le montant des droits d'enregistrement, lesquels dépendent de la nature du bien apporté (voir ci-après).

L'apport d'un bien grevé de passif ou apport mixte

Il est possible d'apporter à la SCI un immeuble dont l'emprunt, souscrit pour son financement, n'est pas totalement remboursé. L'apporteur peut conserver la charge du règlement de la dette, auquel cas il reste personnellement responsable du remboursement de l'emprunt. Il faut alors vérifier au préalable que le contrat de prêt ne contient pas une clause, dite « de déchéance », imposant le remboursement immédiat de la dette, en cas d'apport du bien à une société sans l'autorisation du banquier. Mais, dans la plupart des cas, la charge de l'emprunt est transférée à la SCI. L'associé est alors rémunéré pour son apport par des parts sociales, mais uniquement à hauteur de la valeur nette du bien (valeur totale moins le montant de la dette). On parle dans ce cas d'apport mixte.

La fiscalité des apports

Un apport entraîne le transfert de la propriété du bien ou des sommes d'argent du patrimoine de l'associé vers celui de la SCI. Du point de vue fiscal, ce transfert de propriété est susceptible d'entraîner l'exigibilité de droits et taxes : droits d'enregistrement ; TVA immobilière ; impôts sur la plus-value immobilière.

Les droits d'enregistrement

Les apports des associés à une SCI familiale soumise à l'impôt sur le revenu sont en principe exonérés de droits d'enregistrement, quelle que soit leur nature (en nature ou en numéraire). En revanche, lorsque la SCI est soumise à l'impôt sur les sociétés (IS), seuls les apports en numéraire sont exonérés de droits.

Les apports « purs et simples » ne sont pas taxés

Pour la perception des droits d'enregistrement, les apports « purs et simples » des associés (c'est-à-dire ceux réalisés en échange de parts sociales) ne sont pas considérés comme entraînant un transfert de propriété immédiat du bien. La SCI est envisagée comme un simple intermédiaire dans la transmission des biens. Dans ces conditions, l'apport fait à la société n'est pas taxé par le fisc, quelle que soit sa nature : une somme d'argent, un fonds de commerce, un bien immobilier… *(articles 809, 810 et 810 bis du Code général des impôts ; BOI-ENR-AVS-10-10-10-20150902)*. Les droits de mutation seront perçus lorsque les biens retourneront dans le patrimoine des associés si, au moment du partage de l'actif social, un associé autre que l'apporteur reçoit le bien dans son lot. Bien sûr, si le bien apporté ne figure plus à l'actif de la société lors de sa dissolution, aucun droit ne sera perçu.

Les apports faits en cours de société dans le cadre d'une augmentation de capital sont également exonérés de droits d'enregistrement. Depuis le 1er janvier 2019, ils ne donnent plus lieu au versement des droits fixes de 375 euros et de 500 euros qui existaient antérieurement *(article 828, I, 2° du Code général des impôts)*.

La SCI relève de l'impôt sur les sociétés

Dans l'hypothèse, rare en pratique, où la SCI est soumise à l'impôt sur les sociétés, les apports en numéraire sont exonérés de droits d'enregistrement, pas les apports en nature. Lorsqu'ils portent sur des biens ou des droits immobiliers, ils sont soumis au droit de mutation au taux global de 5 % *(articles 810, III et 810 bis du Code général des impôts)*. S'y ajoute éventuellement une taxe additionnelle de 0,6 % lorsqu'il s'agit de bureaux, de locaux commerciaux ou de stockage situés en Île-de-France. Lorsqu'ils portent sur un fonds de commerce (rare pour une SCI), ils sont soumis au taux global de 3 % sur la fraction de valeur comprise entre 23 000 euros et 200 000 euros, et de 5 % sur la fraction qui excède 200 000 euros (celle inférieure à 23 000 euros est exonérée).

Toutefois, ces apports sont enregistrés gratuitement si l'apporteur s'engage à conserver pendant trois ans les titres remis en contrepartie de l'apport. Pour les immeubles et droits immobiliers, l'enregistrement gratis est en outre subordonné à la condition qu'ils soient compris dans l'apport de l'ensemble des éléments d'actif immobilisé affectés à l'exercice d'une activité professionnelle.

Les droits dus sur les apports à titre onéreux et mixtes

Les apports à titre onéreux ne sont pas rémunérés par des parts sociales. Ils sont soumis aux droits d'enregistrement, quel que soit le mode d'imposition de la société (impôt sur le revenu ou sur les sociétés). Lorsqu'ils portent sur des immeubles ou des droits immobiliers, ils sont taxés au taux de 5 %. Lorsque l'apport porte sur un fonds de commerce (hypothèse rare en pratique pour une SCI), il est taxé uniquement sur la fraction de valeur qui dépasse 23 000 euros (3 % entre 23 000 euros et 200 000 euros, et 5 % sur le montant qui dépasse 200 000 euros). Quant aux apports mixtes, ils sont soumis au régime des apports « purs et simples » pour la partie rémunérée par des parts de la SCI (donc exonérée de droits) et au régime des apports à titre onéreux pour l'autre partie (donc taxée à 3 % et 5 %).

La taxe sur la valeur ajoutée

L'apport d'un bien immobilier à une SCI par une personne non assujettie à la TVA (un particulier) est exonéré de TVA. Il en va notamment ainsi pour l'apport d'un bien immobilier bâti depuis moins de cinq ans ou d'un terrain à bâtir. Un terrain est considéré comme étant « à bâtir » lorsque des constructions peuvent y être autorisées en application des règles d'urbanisme (plan local d'urbanisme, carte communale…). En revanche, les apports de terrains à bâtir ou d'immeubles neufs réalisés par un assujetti sont, en principe, soumis à la TVA et échappent aux droits d'enregistrement. Ses autres apports immobiliers bénéficient d'une exonération, sauf option pour leur assujettissement à la taxe *(articles 261,5 et 260, 5° bis du Code général des impôts)*. Lorsqu'elle est exigible, la TVA est perçue au taux de 20 %. Elle est à la charge de la société bénéficiaire de l'apport.

L'imposition des plus-values immobilières

L'apport d'un bien ou d'un droit immobilier à la SCI est considéré fiscalement comme une vente. L'opération est taxable, bien que l'associé ne reçoive pas d'argent en contrepartie de son apport. La plus-value suit le régime d'imposition des ventes réalisées par des particuliers (pour plus de précisions sur l'imposition des plus-values immobilières, voir notre *Guide de la déclaration de revenus*, réédité chaque année en janvier).

Les différents cas d'exonération

L'apport d'un bien d'une valeur inférieure à 15 000 euros et l'apport de la résidence principale de l'associé sont totalement exonérés d'impôt sur la plus-value. De même, celui d'un bien immobilier détenu depuis plus de trente ans échappe à toute imposition. En effet, la plus-value réalisée bénéficie d'un abattement pour chaque année de détention du bien au-delà de la cinquième. Son taux diffère pour le calcul de la plus-value soumise à l'impôt et de celle soumise aux prélèvements sociaux. Dans le premier cas, l'abattement est de 6 % pour chaque année de détention au-delà de la cinquième et jusqu'à la vingt et unième, et de 4 % au terme de la vingt-deuxième année de détention. Dans le second cas, il est de 1,65 % pour chaque année de détention au-delà de la cinquième et jusqu'à la vingt et unième, de 1,60 % pour la vingt-deuxième année de détention, et de 9 % pour chaque année au-delà de la vingt-deuxième.

Le calcul de la plus-value

Lorsque la plus-value est imposable, son montant correspond à la différence entre le prix de cession (valeur du bien lors de l'apport) et le prix d'acquisition (lors de l'entrée du bien dans le patrimoine de l'apporteur). Le prix de cession correspond en fait à la valeur des parts remises à l'associé en échange de son apport. Le prix d'acquisition s'entend du prix versé pour l'achat du bien, majoré des frais d'acquisition et de certaines dépenses de travaux. Si le bien a été reçu par succession ou donation, c'est sa valeur vénale, retenue pour calculer les droits de mutation à titre gratuit, qui constitue le prix d'acquisition (majoré des frais d'acte et des droits fiscaux). La plus-value imposable fait ensuite l'objet d'abattements par année de détention au-delà de la cinquième.

> Une **surtaxe** est due sur les plus-values supérieures à 50 000 euros. Progressive, ses taux s'échelonnent de 2 % à 6 %.

Le taux d'imposition global des plus-values immobilières est actuellement fixé à 36,2 %, soit 19 % d'impôt sur le revenu et 17,2 % de prélèvements sociaux.

LES ASSOCIÉS DE LA SCI

Qui peut entrer dans une SCI ?

Pour être valablement constituée, une SCI doit comporter au moins deux associés *(article 1832 du Code civil)*. Très souvent, elle est formée entre époux, avec ou sans leurs enfants, entre frères et sœurs, indivisaires, partenaires de Pacs ou concubins. D'où l'expression « SCI familiale ».

Les couples mariés et la SCI

Des époux peuvent, seuls ou avec d'autres personnes, être associés dans une SCI. Chacun peut alors apporter des biens propres et/ou des biens communs. Une constitution entre époux est admise même si le couple n'apporte que des biens communs à la société *(article 1832-1 du Code civil)*. Lorsqu'un seul des conjoints est associé dans la SCI, se pose la question de l'origine des apports et de la propriété des parts sociales qui en résulte.

La SCI est constituée entre époux séparés de biens

Lorsque les époux sont mariés sous le régime de la séparation de biens (ou celui, plus rare, de la participation aux acquêts), chacun gère librement ses biens personnels. Ils n'ont pas de biens communs. Chacun peut apporter ses biens à une SCI sans avoir à solliciter l'accord de son conjoint. Seule exception, si l'apport a pour objet le domicile conjugal, l'époux propriétaire doit, sous peine de nullité de l'acte, recueillir le consentement préalable de son conjoint *(article 215 du Code civil)*. Les parts sociales remises en contrepartie de biens personnels sont également personnelles à l'époux apporteur.

\+ L'accord du conjoint pour **apporter le logement de famille à une SCI** peut être verbal, mais un écrit est préférable. Il est exigé même en cas de séparation de fait, pendant toute l'instance en divorce ou séparation de corps, y compris si les époux sont autorisés à résider séparément.

La SCI est constituée entre époux mariés en communauté

Dans ce cas, un époux peut apporter librement ses biens propres à une SCI sans avoir à solliciter l'accord de son conjoint (sauf pour le logement de la famille ; *article 215 du Code civil*). Il peut également apporter seul de l'argent commun à une SCI *(article 1421 du Code civil)*. En revanche, l'accord de l'autre est exigé pour la plupart des autres biens communs : biens immobiliers, droits sociaux non négociables (parts de SCI, de SARL...), fonds de commerce... *(article 1424 du Code civil)*.

L'apport d'un bien commun. Lorsqu'un époux apporte seul un bien commun à la SCI, les parts sociales sont certes également des biens communs, mais seul l'époux qui a réalisé l'apport a la qualité d'associé. Il doit toutefois informer son conjoint qu'il souhaite apporter un bien commun et justifier de cette information dans l'acte d'apport *(article 1832-2 du Code civil)*. À défaut, l'autre conjoint peut demander l'annulation de l'acte en justice. Cette information permet à l'autre époux de revendiquer la qualité d'associé pour la moitié des parts sociales reçues. Il peut cependant renoncer par écrit (dans l'acte d'apport) à son droit de revendication. Dans ce cas, seul l'époux apporteur a la qualité d'associé. Ce dernier ne peut pas pour autant disposer librement des parts sociales : celles-ci ayant été obtenues à l'aide de fonds ou d'un bien commun, elles constituent également des biens communs. Il ne peut donc ni les vendre ni les donner sans l'accord de son conjoint. La revendication peut aussi être faite ultérieurement à l'apport, mais, dans ce cas, le conjoint peut être soumis à la procédure d'agrément d'un nouvel associé, prévue dans les statuts. Dans ce cas, l'époux associé ne participe pas au vote lors de la délibération sur l'agrément, et ses parts ne sont pas prises en compte pour le calcul du quorum et de la majorité à atteindre.

L'apport d'un bien propre. Selon l'article 1407 du Code civil, « le bien acquis en échange d'un bien qui appartenait en propre à l'un des époux est lui-même propre ». La jurisprudence distingue cependant selon qu'il s'agit d'un apport en numéraire ou de l'apport d'un bien immobilier. Si l'époux apporte une somme d'argent personnelle (provenant d'un héritage, d'une donation, de la vente d'un bien propre), les parts sociales constituent un bien propre uniquement si l'époux a pris soin de faire préciser dans l'acte d'apport une clause d'emploi ou de remploi. Dans cette clause, il indique que l'apport est constitué par des fonds propres *(article 1434 du Code civil ; C. cass., civ. 1re, 5.3.1991, n° 87-18298)*. À défaut, les parts sont des biens communs, mais l'époux apporteur aura droit à un dédommagement financier (appelé « récompense ») lors de la dissolution de la communauté (par divorce ou au décès d'un conjoint). Les parts sociales reçues en contrepartie de l'apport d'un bien immobilier propre, en revanche, sont propres sans qu'il soit nécessaire de prévoir une clause de remploi, conformément à l'article 1407 du Code civil *(C. cass., civ. 1re, 10.7.1996, n° 94-17471)*.

Les donations « déguisées » entre époux sont permises

Il est possible d'avantager son conjoint par le biais d'une SCI. Exemple type : des époux mariés sous le régime de la séparation de biens qui constituent ensemble une SCI. La société achète un bien immobilier financé en totalité par des fonds personnels d'un des époux. L'autre conjoint reçoit la moitié des parts sociales, alors qu'il n'a rien déboursé. Jusqu'en 2005, un tel avantage était nul car constitutif d'une donation « déguisée », sauf si les statuts de la SCI étaient rédigés par un notaire *(article 1832-1 du Code civil)*. Une loi du 26 mai 2004, applicable depuis 2005, a toutefois supprimé l'interdiction des donations déguisées *(article 1099 du Code civil)*. Mais attention, bien qu'elle soit possible, une telle libéralité reste soumise aux règles générales de validité des donations, notamment le respect des droits des héritiers réservataires (en principe, les enfants du donateur ; pour plus de précisions sur les donations, voir notre ouvrage *Préparez votre succession*, dans la même collection).

La SCI constituée entre indivisaires

Des personnes propriétaires indivis d'un bien immobilier peuvent souhaiter créer une SCI pour échapper aux lourdeurs de gestion inhérentes à l'indivision. Il peut s'agir aussi bien de frères et sœurs ayant hérité de la maison familiale au décès de leurs parents que de partenaires de Pacs, ou encore d'un couple vivant en concubinage.

Les associés sont partenaires de Pacs

Un partenaire de Pacs peut être associé d'une SCI. Si rien n'est prévu dans le pacte, les partenaires relèvent automatiquement d'un régime calqué sur celui de la séparation de biens. Dans ce régime, chaque partenaire reste seul propriétaire des biens qu'il possédait avant le Pacs ou qu'il acquiert en cours d'union. En conséquence, il peut apporter le bien à la SCI sans avoir à solliciter l'accord de l'autre, même s'il s'agit du logement du couple (seul le logement d'un couple marié est protégé par la loi). Les parts sociales sont attribuées au seul apporteur du bien à la société. S'il souhaite être associé dans la SCI, l'autre partenaire doit donc lui aussi faire un apport. Cependant, rien n'empêche les partenaires séparés de biens d'acheter un bien immobilier ensemble, en indivision.

L'option pour l'indivision. Les partenaires de Pacs peuvent aussi écarter la séparation de biens et déclarer se placer sous le régime de l'indivision. Il leur suffit pour cela de faire une déclaration en ce sens dans leur pacte. Si tel est le cas, tous les biens qu'ils achètent, ensemble ou séparément, en cours de Pacs, leur appartiennent pour moitié chacun. Et ce, quelle que soit la participation financière réelle de chaque partenaire dans l'achat du bien *(article 515-5-1 du Code civil)*. Attention, en cas de rupture, celui qui a apporté la plus grosse partie du bien ne pourra pas remettre en cause le droit de propriété à 50 % de son ancien partenaire, ni même lui demander une compensation. Pour plus de précisions sur le régime patrimonial des partenaires, voir notre ouvrage *Conclure un Pacs*, dans la même collection.

L'apport d'un bien indivis à la SCI. L'un des indivisaires peut apporter à la SCI ses droits indivis (la moitié, le tiers...), mais cela est rare en pratique. Le plus souvent, l'apport concerne la totalité du bien. Dans ce cas, il faut le consentement de tous les indivisaires

> Si le Pacs **a été conclu avant 2007**, les biens acquis par la suite par l'un ou l'autre des partenaires sont présumés être indivis, sauf mention contraire dans l'acte d'acquisition.

(article 815-3 du Code civil). En fonction de la volonté des apporteurs, l'apport donne droit à l'attribution de parts indivises ou, pour chaque indivisaire, d'un nombre de parts équivalent à ses droits dans l'indivision. Selon les tribunaux, lorsque les parts sont indivises, chaque partenaire (et non l'indivision en tant que telle) a la qualité d'associé *(C. cass., civ. 1re, 6.2.1980, n° 78-12513)*. Les indivisaires doivent cependant désigner un mandataire commun pour les représenter en assemblée générale *(article 1844 du Code civil)*.

Un enfant mineur peut être associé

Un enfant mineur peut être associé d'une SCI. Une solution souvent envisagée par les parents pour anticiper la transmission de tout ou partie de leurs biens immobiliers de manière souple et fiscalement avantageuse. Elle permet aussi de faire démarrer tôt le décompte du délai de détention au-delà duquel la revente des parts sociales est exonérée d'impôt sur la plus-value (voir p. 106).

Un mineur émancipé peut être associé d'une SCI sans restriction *(article 413-6 du Code civil)*. Rappelons que l'émancipation est

Les associés doivent faire des apports

À la constitution de la société, chaque associé est tenu de faire un apport. Il reçoit en contrepartie des parts sociales et participe à la vie de la société. Il est aussi possible de devenir associé ultérieurement, par la réalisation d'un apport dans le cadre d'une augmentation de capital décidée en assemblée générale. La qualité d'associé s'obtient aussi par l'acquisition de tout ou partie des parts sociales d'un associé déjà en place, que la cession des parts intervienne à titre onéreux ou à titre gratuit (par donation ou succession). Les statuts prévoient généralement que l'entrée d'un nouvel associé dans la société doit faire l'objet d'un agrément, c'est-à-dire qu'elle doit préalablement être acceptée par les associés en place.

possible dès l'âge de 16 ans. Quant au mineur non émancipé, les juristes considèrent qu'il peut être associé d'une SCI, bien que les associés soient tenus indéfiniment des dettes sociales. Le mineur doit alors être représenté par son père ou sa mère si les deux parents exercent en commun l'autorité parentale ; sinon, par celui des deux qui exerce l'autorité parentale *(article 382 du Code civil)*. Chacun peut ainsi agir au nom du mineur. Toutefois, l'apport à la SCI d'un bien immobilier appartenant au mineur nécessite l'accord préalable du juge des tutelles *(article 387-1, 2° du Code civil)*. Il en va de même pour l'apport de valeurs mobilières ou d'instruments financiers (actions...) si cet acte « engage le patrimoine du mineur pour le présent ou l'avenir par une modification importante de son contenu, une dépréciation significative de sa valeur en capital ou une altération durable des prérogatives du mineur » *(article 387-1, 8° du Code civil)*. En revanche, l'apport de capitaux appartenant au mineur ne nécessite pas l'autorisation du juge. Il requiert toutefois l'accord des deux parents, s'il s'agit d'un acte de disposition engageant de manière importante le patrimoine de l'enfant *(article 382-1 et 496 du Code civil ; article 2 du décret n° 2008-1484 du 22.12.2008)*.

Droits et responsabilités des associés

La qualité d'associé donne droit aux bénéfices de la société, mais impose, en contrepartie, de participer aux dettes. Les associés prenant part à la vie de la SCI disposent d'un pouvoir de décision et de contrôle de sa gestion.

Les droits des associés

Les associés prennent collectivement toutes les décisions qui ne relèvent pas des pouvoirs du gérant (voir p. 124). Pour cela, ils bénéficient d'un droit d'information sur la gestion de la société. Par ailleurs, ils ont droit à une part des bénéfices sociaux, qui peut être modulée par les statuts. Enfin, ils peuvent, à tout moment, décider de se retirer de la SCI en cédant leurs parts (sur ce point, reportez-vous au chapitre 11, p. 183).

Le droit d'information des associés

Chaque année, le gérant doit rendre compte de sa gestion aux associés de la SCI, même s'il s'agit d'une SCI familiale et si ses associés ne le demandent pas *(C. cass., com., du 23.10.2019, n° 17-31653).* Il doit leur fournir un rapport écrit sur l'activité de la société au cours de l'année ou de l'exercice écoulé, avec l'indication des bénéfices et des pertes *(article 1856 du Code civil).* Cette information permet notamment aux associés d'approuver les comptes de la société lors de l'assemblée générale. Les associés peuvent aussi demander, au moins une fois par an, à consulter les documents et livres sociaux de la société (contrats, factures… ; *article 1855 du Code civil*), y compris s'ils sont propriétaires de parts en indivision et sont représentés par un mandataire *(C. cass, civ. 3e, 27.6.2019, n° 18.17662).* Ils peuvent poser par écrit des questions au gérant à propos de sa gestion. Celui-ci doit leur répondre, également par écrit, dans le délai d'un mois. Bien sûr, les statuts sont libres d'aménager les modalités d'information des associés et de leur reconnaître des droits plus larges.

La participation aux bénéfices

En principe, la part des bénéfices revenant à chaque associé est proportionnelle à sa part dans le capital : un associé détenant 20 % du capital a droit à 20 % des bénéfices. Les statuts peuvent cependant modifier cette répartition et prévoir des distributions plus importantes au profit de certains associés. Cela permet à une personne, par exemple, de faire profiter plus largement ses enfants des bénéfices, dans une société constituée avec eux. Il est cependant interdit d'attribuer la totalité des profits à un associé ou, au contraire, de l'exclure totalement de sa part de gains *(article 1844-1 du Code civil)*. Les bénéfices ne sont pas obligatoirement versés chaque année aux associés. La décision de leur affectation est prise en assemblée générale. Il peut être décidé, par exemple, de les affecter à un compte courant d'associé ou de les mettre en réserve.

> + En cas de **démembrement des parts sociales**, c'est l'associé qui en détient l'usufruit qui perçoit en principe les bénéfices sociaux correspondants.

Le pouvoir de décision

Lorsque la SCI envisage de réaliser une opération qui dépasse le cadre strict de la gestion courante, et donc excède les pouvoirs de son gérant, elle doit y être expressément autorisée par une décision collective des associés à la majorité prévue par les statuts ou, à défaut, à l'unanimité des associés *(article 1852 du Code civil)*. En principe, les associés adoptent les décisions qui relèvent de leur compétence en assemblée générale. Cependant, dans un souci de simplification, il peut être procédé à une simple consultation écrite des associés, une procédure bien adaptée aux SCI familiales, pour éviter le formalisme des assemblées.

Les assemblées d'associés

Ce sont les statuts qui précisent les modalités de convocation et de prise des décisions dans une SCI. Le plus souvent, c'est au gérant qu'appartient le pouvoir de convoquer l'assemblée générale des associés. Celle-ci doit se réunir au moins une fois par an, pour approuver les comptes et décider du sort des bénéfices réalisés au cours de l'exercice passé. Les associés doivent être informés de la tenue

> En matière de fusion de SCI, lorsque la société absorbante détient au moins 90 % des parts de la société absorbée, les statuts **peuvent prévoir de ne pas consulter les associés.** Toutefois, un ou plusieurs associés représentant 5 % du capital de la société absorbante peuvent demander en justice la désignation d'un mandataire pour provoquer la consultation des associés *(article 1854-1 du Code civil).*

d'une assemblée générale au moins quinze jours à l'avance. Dans les SCI familiales, du fait des rapports de proximité qu'entretiennent généralement les associés, la convocation est souvent effectuée verbalement. Il est toutefois recommandé d'avoir recours à l'écrit, notamment en cas de mésentente entre les associés.

Lors de la réunion, chaque associé a le droit de participer aux débats et de prendre part au vote. Son nombre de voix est souvent proportionnel au nombre de parts sociales qu'il détient. Mais les statuts peuvent prévoir un mode de répartition différent : un associé = une voix, par exemple. En revanche, il n'est pas possible de priver totalement un associé de son droit de vote. Pour une étude détaillée des attributions et du fonctionnement de l'assemblée générale, voir p. 132 et suivantes.

La consultation écrite des associés

Alternative à la convocation d'une assemblée générale, les statuts peuvent prévoir la consultation écrite des associés *(article 1853 du Code civil).* Ce procédé facilite la participation de ceux qui sont géographiquement éloignés et ne peuvent participer physiquement à la réunion.

> Les statuts de la SCI doivent fixer le délai **au-delà duquel les votes par correspondance** des associés ne sont plus recevables.

Le gérant adresse aux associés, par courrier recommandé avec avis de réception, le texte des résolutions proposées et les documents nécessaires à la prise des décisions *(article 42 du décret n° 78-704 du 3.7.1978).*

Les associés retournent leur vote par écrit dans les délais fixés par les statuts (quinze jours au minimum, à partir de la date de réception du courrier). Leur choix doit être défini : vote pour, contre ou abstention. Ils ne peuvent pas donner une réponse conditionnelle.

Une décision collective peut aussi résulter du consentement unanime des associés, constaté dans un acte sous seing privé ou un acte notarié *(article 1854 du Code civil).* Par exemple, plutôt que de demander aux associés s'ils sont d'accord pour vendre un immeuble appartenant à la SCI, le gérant peut leur adresser directement une promesse de vente. Il leur suffit d'y apposer leur signature pour manifester leur accord, ce qui permet de gagner du temps. Bien sûr, cette façon de procéder n'est envisageable que si le gérant a la certitude, dès le départ, que tous les associés donneront leur consentement à l'opération.

Les associés contribuent aux pertes

Dans une SCI soumise à l'impôt sur le revenu, la responsabilité financière des associés n'est pas limitée au montant de leurs apports en capital, comme dans une société commerciale de type SARL, par exemple. En effet, ils sont redevables personnellement et indéfiniment des dettes de la société, proportionnellement au nombre de parts qu'ils détiennent dans le capital social *(article 1857 du Code civil)*.

Les actes du gérant engagent les associés

Les associés sont responsables à l'égard des tiers des actes du gérant, dès lors que ceux-ci entrent dans le cadre de l'objet de la société. En particulier, ils doivent prendre en charge les dettes qui peuvent en résulter. Ils sont aussi responsables des décisions qu'ils ont adoptées en assemblée générale ou par le biais d'une consultation écrite. Les créanciers qui souhaitent se faire rembourser doivent, dans un premier temps, agir contre la société. Ils ne peuvent poursuivre par la suite le recouvrement des dettes auprès des associés que s'ils n'ont pu obtenir de la SCI le remboursement complet de la créance *(article 1858 du Code civil)*.

La répartition des pertes entre les associés

La contribution des associés aux pertes de la société est proportionnelle à leur quote-part dans le capital social. Un associé qui détient 20 % du capital est donc tenu au paiement de 20 % de la dette dont la société ne s'est pas acquittée et ce, quel qu'en soit le montant. Les statuts peuvent fixer une répartition différente, sans toutefois pouvoir imposer à un associé la prise en charge de la totalité des pertes ou, à l'inverse, l'en exonérer totalement. Une telle disposition serait nulle *(article 1844-1 du Code civil)*.

> Pour le remboursement des dettes sociales, **l'associé qui a fait un apport en industrie** est considéré comme celui dont la participation dans le capital social est la plus faible. Ce type d'apport est très rare dans le cadre d'une SCI.

Attention, cette répartition ne joue que dans les relations entre les associés et ne peut pas être opposée aux tiers créanciers. Par exemple, une SCI composée de trois associés détenant chacun un nombre égal de parts est liquidée avec 60 000 euros de pertes. Selon les statuts, l'un des associés, nommément désigné, doit prendre en charge la moitié du passif. Il doit alors s'acquitter de 30 000 euros, soit 20 000 euros au profit des créanciers et 5 000 euros à chacun des deux autres associés. Ces derniers restent redevables de 20 000 euros chacun à l'égard des créanciers de la SCI.

L'imposition des intérêts versés par la SCI

Les intérêts versés aux associés en rémunération de leurs avances en compte courant sont imposables. Ceux perçus depuis 2018 sont soumis au prélèvement forfaitaire unique de 30 % (prélèvements sociaux inclus), sauf option pour l'application du barème progressif de l'impôt (voir p. 173). La SCI peut déduire de ses revenus fonciers les intérêts servis aux associés (lorsqu'elle loue des immeubles lui appartenant), dès lors que son capital est entièrement libéré *(article 39-1,3° du Code général des impôts)* et que les avances en compte courant ont pour objet le financement de l'acquisition, de la construction, de la conservation, de la réparation ou de l'amélioration des immeubles *(CE du 8.7.1988, n° 64902)*. En revanche, elle ne peut pas déduire les intérêts qui rémunèrent les bénéfices sociaux placés en compte courant.

Les avances en compte courant

Une avance en compte courant désigne un prêt, généralement rémunéré, consenti par un des associés à la société. À la différence des apports, ce type d'avance n'entre pas dans la formation du capital social, car il constitue une dette pour la société. L'associé qui verse des sommes en compte courant devient donc, en plus de sa qualité d'associé, créancier de la SCI à hauteur des sommes prêtées. Il ne reçoit pas de parts sociales en contrepartie.

Un bon outil de financement

Les avances en compte courant permettent de répondre aux besoins de financement des activités de la SCI. Il s'agit de liquidités lui permettant de faire face à ses obligations.

Ajuster sa capacité financière aux besoins de l'activité

Les versements des associés sur le compte courant de la société peuvent servir à financer des travaux sur un bien immobilier loué. À ce titre, ils permettent à la société d'éviter le recours à un prêt classique auprès d'un établissement financier. Les avances peuvent aussi servir à rembourser un emprunt souscrit par la société, pour l'acquisition d'un immeuble, par exemple. En raison de leur souplesse, elles évitent d'avoir recours à une augmentation de capital.

Elles sont aussi utilisées pour procéder à la libération progressive du capital de la SCI. Les associés alimentent le compte courant, soit en versant directement l'argent, soit en laissant à disposition de la société les sommes qu'ils doivent recevoir (les bénéfices tirés des loyers, par exemple).

> **+** La **rémunération des comptes courants** peut être prévue dans les statuts de la SCI ou décidée par les associés réunis en assemblée générale. Elle est déductible des résultats de la société uniquement si son capital est totalement libéré, et si les avances servent à conserver ou à améliorer son patrimoine (voir l'encadré p. 118).

Rédiger une convention écrite

Il est recommandé d'indiquer dans les statuts de la SCI que les associés pourront consentir des avances à la société. Cette précaution permet de rendre la convention opposable aux futurs associés de la SCI. Il est également conseillé de préciser les modalités de fonctionnement des avances par écrit, dans une convention établie entre l'associé et la SCI. Celle-ci peut notamment prévoir les modalités de rémunération de l'avance, le taux d'intérêt applicable (à défaut, c'est le taux d'intérêt légal qui s'applique) et ses modalités de remboursement.

Le remboursement des sommes prêtées

En principe, les associés peuvent demander à tout moment le remboursement de leurs avances. Mais la convention conclue avec la SCI peut prévoir le blocage du compte pendant une période donnée. Ce blocage peut permettre à la société d'obtenir plus facilement un prêt bancaire, les sommes bloquées servant de garantie financière pour la banque. Lorsque la société n'a pas la capacité de rembourser les avances en compte courant, elle peut les intégrer au capital social. Chaque associé reçoit alors des parts sociales en contrepartie des sommes qui figuraient sur son compte.

> La cession de ses parts par un associé entraîne **le remboursement de ses avances en compte courant**, soit par la société elle-même, soit par l'acquéreur des titres.

Lorsqu'un compte courant d'associé de SCI est débiteur, cela signifie que l'associé est débiteur d'une somme d'argent à l'égard de la société. Dans ce cas, si l'associé ne rembourse pas sa dette, la SCI peut l'assigner en remboursement de son compte courant. La prescription quinquennale de cette action en remboursement court à compter de la date d'exigibilité du compte courant, laquelle résulte de la demande de paiement ou de clôture du compte effectuée par la société *(C. cass., civ. 1re, 27.6.2018, n° 17.18893)*.

LE FONCTIONNEMENT DE LA SCI

La gestion quotidienne de la SCI

Personnage central dans la vie de la SCI, le gérant a pour mission de gérer au quotidien l'activité de la société. Il est nommé dans les statuts ou par un acte distinct, ou encore désigné collectivement par les associés. Représentant de la société vis-à-vis des tiers, il est responsable de ses actes devant les associés, qui peuvent lui laisser une grande liberté d'action ou au contraire limiter son domaine de compétence.

La désignation du gérant

La nomination d'un ou de plusieurs gérants est obligatoire *(article 1846 du Code civil)*. En revanche, le nombre de gérants est déterminé librement dans les statuts. Il peut être choisi parmi les associés ou non.

Les modalités de désignation

Lors de la création de la SCI, il existe plusieurs possibilités pour désigner le gérant. Sa nomination peut être inscrite dès l'origine dans les statuts, ou dans un acte distinct annexé aux statuts et signé par tous les associés. Elle peut également intervenir ultérieurement, sur décision des associés représentant plus de la moitié des parts sociales, à moins que les statuts ne fixent des conditions de majorité plus élevées. En effet, ce sont les statuts qui fixent les règles de désignation du gérant et le mode d'organisation de la gérance.

Dans une SCI familiale, ils prévoient souvent qu'en cas de décès du gérant, son conjoint le deviendra automatiquement à sa place. Cette clause peut être utile en présence d'héritiers mineurs qui ne sont pas encore en mesure d'assumer cette fonction. Les statuts peuvent aussi prévoir la désignation d'un gérant provisoire (un associé) chargé, en cas de décès du gérant en titre (de démission, de révocation…), de convoquer une assemblée générale pour élire son remplaçant. Si rien n'est prévu et que la SCI se retrouve sans gérant, tout associé peut réunir les associés ou, à défaut, demander au président du tribunal judiciaire de désigner un mandataire chargé de réunir les associés en vue de nommer un ou plusieurs gérants *(article 1846 du Code civil)*. À défaut de régularisation dans le délai d'un an, tout intéressé (associé ou créancier) peut demander en justice la dissolution de la société *(article 1846-1 du Code civil)*.

Les formalités de publicité

La nomination du gérant doit être publiée. Tant que cette formalité n'est pas accomplie, les actes qu'il exécute ne sont pas opposables à la société, ni aux tiers avec lesquels elle contracte. Ils le deviennent, en revanche, dès que sa nomination a été régulièrement publiée *(article 1846-2 du Code civil)*. L'identité du premier gérant est publiée lors de l'accomplissement des formalités de constitution de la société. La nomination d'un nouveau gérant doit faire l'objet d'un avis publié dans un journal d'annonces légales du département du

Qui peut être gérant d'une SCI ?

Toute personne, associée ou non de la société, peut être nommée gérante de la SCI. Les statuts subordonnent généralement l'accès à cette fonction à certaines conditions : être associé, avoir un âge minimal, une certaine ancienneté dans la société, des compétences professionnelles particulières... Un enfant mineur, même s'il est associé, ne peut pas être gérant d'une SCI, sauf s'il est émancipé. Certaines professions sont incompatibles avec les fonctions de gérant de société (notaire, fonctionnaire, avocat, expert-comptable), mais des dérogations sont prévues pour la gestion d'un patrimoine familial sans but lucratif (SCI de location exclusivement). De même, les personnes frappées d'une faillite personnelle ou d'une interdiction de gérer une personne morale ne peuvent pas être nommées gérantes d'une SCI. Enfin, une personne morale (une société) peut être nommée gérante de SCI. Ses dirigeants sont alors soumis aux mêmes conditions et obligations et encourent les mêmes responsabilités (civiles et pénales) que s'ils étaient gérants en leur nom propre, ce qui n'exclut pas la responsabilité solidaire de la personne morale qu'ils dirigent *(article 1847 du Code civil)*.

siège social de la SCI *(articles 22 et 24 du décret du 3.7.1978)*. Il est également nécessaire de faire publier au greffe du tribunal de commerce deux copies de l'acte de nomination du gérant et de l'inscrire au registre du commerce et des sociétés. La cessation de ses fonctions, quelle qu'en soit la cause, doit faire l'objet des mêmes mesures de publicité que sa nomination. Tant qu'elle n'a pas été publiée, les actes du gérant conformes à son mandat engagent la société.

La durée des fonctions du gérant

Les associés sont libres de déterminer la durée du mandat du gérant dans les statuts ou lors de sa nomination. À défaut de précision, il est nommé pour la durée de la société. Au choix, il peut être décidé de limiter cette durée pour pouvoir contrôler étroitement sa gérance, ou de la calquer sur celle de la société pour lui permettre de jouir d'une meilleure stabilité. Dans le premier cas, les associés peuvent éventuellement reconduire le gérant dans ses fonctions au terme de son mandat s'ils ont apprécié ses compétences, ou l'écarter s'ils ne sont pas satisfaits. Dans le second cas, le gérant reste maître de la société sa vie durant. Une solution souvent privilégiée dans les SCI constituées entre parents et enfants.

> **+** Lorsque la SCI a **plusieurs gérants**, ceux-ci peuvent être nommés pour des durées différentes.

La vacance de la gérance d'une SCI, intervenue à la suite de l'expiration des fonctions du gérant, n'entraîne pas automatiquement la désignation d'un administrateur provisoire. Cette désignation est nécessaire uniquement si l'absence de gérant entraine des difficultés de fonctionnement pour la société *(C. cass., civ. 3e, 16.11.2017, n° 16-23.685)*.

Les pouvoirs du gérant

Le gérant assume la gestion courante de la société dans le cadre de son objet social, tel qu'il a été défini précisément dans les statuts. Autrement dit, le gérant doit agir dans l'intérêt exclusif de la société et non pour favoriser des intérêts particuliers. Ses pouvoirs sont déterminés différemment dans ses relations avec les associés et vis-à-vis des tiers à la SCI.

Les pouvoirs vis-à-vis des tiers

Les associés ont intérêt à définir très précisément l'objet social de la SCI, c'est-à-dire son domaine d'activité, car c'est lui qui délimite le champ d'action du gérant. Un objet social imprécis ou trop large peut engager la société au-delà de l'intention des associés. Ces derniers peuvent donc, dans les statuts, limiter les pouvoirs du gérant. Lorsque ses actes sont conformes à l'objet social et qu'ils sont conclus au nom de la société, le gérant engage celle-ci vis-à-vis des tiers. Il doit indiquer dans l'acte qu'il agit en qualité de gérant et mentionner la dénomination de la société. En revanche, les opérations qui n'entrent pas dans l'objet social doivent être préalablement autorisées par une décision collective des associés. À défaut, elles n'engagent pas la société, qui peut en demander la nullité en justice. Par exemple, une SCI a pour objet social l'acquisition, la gestion, la location et l'administration de biens immobiliers, ainsi que l'emprunt de fonds pour la réalisation de ces opérations. Le gérant peut donc ouvrir des comptes bancaires, acquérir des biens en recourant à un emprunt garanti par une hypothèque et louer ensuite les biens immobiliers. Il encaissera les loyers, tiendra la comptabilité et établira les déclarations fiscales. En revanche, la vente des biens de la SCI (et particulièrement de ses immeubles) ou la constitution de

Il est possible de désigner plusieurs gérants de la SCI

Rien n'interdit de nommer plusieurs gérants de la SCI. Les statuts peuvent prévoir un nombre fixe ou variable de gérants et organiser librement les modalités de cette « cogérance ». S'ils ne prévoient rien, chaque gérant a les mêmes pouvoirs qu'un gérant unique. Si l'un d'eux veut s'opposer à la conclusion d'un acte, il doit faire opposition par huissier auprès du tiers qui envisage de passer l'acte. La cogérance est une solution à privilégier pour une SCI constituée entre concubins, afin que tous deux participent de manière égale à la gestion de la société. Les cogérants sont solidairement responsables vis-à-vis des tiers et de la société, c'est-à-dire que chacun d'eux peut être amené à réparer la totalité du préjudice subi par un tiers lésé (y compris celui qui n'a pas commis de faute).

garanties sur des immeubles (une hypothèque, par exemple), sans rapport avec leur financement, doivent être préalablement autorisées par les associés. Ces opérations excèdent le cadre de la gestion courante, tel qu'il est défini par l'objet social.

Les pouvoirs vis-à-vis des associés

Les pouvoirs du gérant à l'égard des associés dépendent des statuts. Faute de précision, il peut accomplir « tous les actes de gestion que demande l'intérêt de la société » *(article 1848 du Code civil)*. Une disposition peut cependant restreindre ses pouvoirs, notamment en matière d'emprunt et de cession des immeubles de la SCI. Les statuts doivent alors prévoir les modalités d'habilitation du gérant pour la conclusion de tels actes et, notamment, les conditions de majorité requises. À défaut, la décision doit être prise à l'unanimité des associés. Ces limitations peuvent également être fixées, au cours de la vie de la société, par une décision des associés prise à la majorité arrêtée par les statuts ou, à défaut, à l'unanimité. Mais attention, ces clauses de limitation de pouvoirs sont inopposables aux tiers, même si ces derniers ont connaissance de leur existence *(article 1849 du Code civil ; C. cass., civ. 3e, 12.7.2005, n° 04-14494)*. Dès lors que l'acte entre dans l'objet social de la société, celle-ci est engagée. La violation de ces limitations de pouvoirs conditionne cependant la responsabilité du gérant vis-à-vis des associés.

Par ailleurs, le gérant doit toujours agir dans l'intérêt de la société. Sa responsabilité peut être engagée s'il effectue des actes motivés par ses seuls intérêts personnels, sans lien avec l'intérêt de la SCI et ce, même s'ils sont conformes à l'objet de la société. Ainsi, l'achat d'un immeuble par la SCI est une opération qui entre généralement dans son objet social. La responsabilité du gérant peut néanmoins être engagée s'il a été acheté à l'un de ses proches à un prix excessif car l'opération est dans ce cas contraire à l'intérêt de la société.

> **+** En cas de pluralité de gérants, **chacun engage la société vis-à-vis des tiers** pour les actes qui entrent dans l'objet social. Toutefois, en cas d'opposition formée par un gérant aux actes d'un autre gérant, cette règle ne s'applique pas aux tiers qui en sont destinataires.

La responsabilité du gérant

Le gérant de la SCI engage sa responsabilité en cas de violation des clauses statutaires limitant ses pouvoirs ou d'infraction aux lois et règlements en vigueur. Il engage aussi sa responsabilité civile pour toute faute commise dans sa gestion, dès lors qu'elle a causé un préjudice aux associés ou à la société *(article 1850 du Code civil)*. Par exemple, la mauvaise tenue de la comptabilité, des dépenses excessives, le défaut de paiement de primes d'assurance entraînant la résiliation des contrats d'assurance, la négligence dans la perception des loyers, le non-respect des obligations fiscales de la SCI…
La SCI qui subit un préjudice en raison des fautes commises par son gérant peut agir contre lui en tant que personne morale. C'est aux associés qu'il appartient alors de déclencher une action sociale contre lui, au nom de la société. Par ailleurs, lorsque la faute du gérant cause un dommage aux associés, ils peuvent agir personnellement contre lui pour obtenir réparation.
Le gérant peut aussi voir sa responsabilité pénale engagée s'il commet certaines infractions (délits d'abus de confiance, d'escroquerie, de faux et usage de faux…). Par ailleurs, s'il empêche intentionnellement le recouvrement des impôts dus par la SCI, il peut être déclaré solidairement responsable de leur paiement, pénalités comprises *(article L. 267 du Livre des procédures fiscales)*.

La révocation du gérant

En principe, les fonctions du gérant prennent fin à l'expiration de son mandat, dont la durée est fixée par les statuts ou par une décision des associés. Mais ces derniers peuvent le révoquer en cours de mandat, s'ils ne sont pas satisfaits de sa gestion.

Les modalités de révocation

Elles sont en principe fixées par les statuts. À défaut, le gérant est révocable par une décision des associés représentant plus de la moitié des parts sociales *(article 1851 du Code civil)*. Sa révocation n'entraîne pas la dissolution de la SCI, sauf clause statutaire contraire.
Le gérant peut aussi décider de mettre fin volontairement à sa

Tout associé peut **demander au tribunal la révocation du gérant** pour cause légitime. Une démarche très utile lorsque celui-ci est par ailleurs associé majoritaire de la SCI, une décision des associés visant à mettre fin à ses fonctions étant alors totalement illusoire.

mission à tout moment, en démissionnant. Les statuts peuvent cependant prévoir les modalités de son départ volontaire (délai de préavis, forme...).

La décision de révoquer le gérant doit être justifiée par un « juste motif », c'est-à-dire des fautes importantes : mauvaise gestion financière caractérisée par un découvert bancaire excessif, mésentente grave entre deux cogérants entravant la gestion de la société, détournement de fonds... Si les associés révoquent le gérant sans juste motif, celui-ci peut engager une action en dommages et intérêts contre la société. S'il est associé, il peut également demander à se retirer de la société et solliciter le remboursement de ses droits sociaux (sauf clause statutaire contraire).

Les ressources de la SCI

Le capital social de la société est constitué par les apports en nature (en principe, des biens immobiliers) et en numéraire (sommes d'argent) réalisés par les associés. En contrepartie de leur apport, les associés reçoivent des parts sociales représentant chacune une quote-part du capital de la société. Les apports en numéraire permettent à la société d'acquérir des biens immobiliers afin de constituer son patrimoine social. Les immeubles acquis ou apportés à la SCI génèrent des revenus lorsqu'ils sont loués. La société peut aussi avoir recours à des emprunts pour acquérir son patrimoine (ou compléter les apports des associés). Enfin, les avances en compte courant des associés permettent à la société de faire face à ses besoins de trésorerie.

Les revenus tirés des biens immobiliers

Le bénéfice de la société est constitué par la différence entre les loyers encaissés et les charges supportées sur les biens loués. Ce bénéfice est partagé entre les associés, généralement au prorata de leurs droits dans la société. Si la société constate des pertes, les associés sont tenus d'y contribuer dans les mêmes proportions. Les statuts peuvent fixer une répartition différente, mais elle ne joue que dans les relations entre associés et ne peut pas être opposée aux tiers. En revanche, les statuts ne peuvent pas priver un associé de tout droit aux bénéfices ou lui imposer la prise en charge de la totalité des pertes d'un exercice.
Au lieu d'être distribué chaque année aux associés, le bénéfice peut être mis en réserve dans la société, sur un compte spécifique. C'est l'assemblée générale, amenée à se prononcer sur les comptes annuels présentés par le gérant, qui décide de l'affectation des résultats. Quelle que soit l'option retenue, distribution ou mise en réserve du bénéfice, les associés sont imposés sur leur quote-part en revenus fonciers lorsque la SCI relève de l'impôt sur le revenu.

> + Les SCI soumises à l'impôt sur les sociétés doivent respecter les **obligations comptables des sociétés commerciales**. Elles doivent tenir une comptabilité d'engagement, établir un compte de résultat, un bilan, tenir un livre-journal, un grand-livre et un livre d'inventaire.

Lorsqu'elle relève de l'impôt sur les sociétés, les associés ne sont imposés que sur la part du bénéfice distribué.

Les avances en compte courant

Une avance en compte courant est un prêt accordé par un associé à la société, généralement pour une durée limitée et moyennant le versement d'intérêts. Cette pratique répond à un besoin de liquidités de la SCI, pour faire face à ses obligations. L'associé peut alimenter le compte courant en effectuant directement des versements, ou en laissant à la disposition de la société les sommes qu'il doit recevoir (sa part dans les bénéfices). Les versements des associés sur le compte courant de la société peuvent servir, par exemple, à financer des travaux sur un bien loué. Ils évitent à la SCI de souscrire un prêt classique auprès d'un établissement financier. Les avances peuvent aussi servir à rembourser un emprunt souscrit par la société pour l'acquisition d'un bien immobilier. En raison de leur souplesse, les avances permettent d'éviter d'avoir recours à une augmentation de capital. Elles sont aussi utilisées pour procéder à la libération progressive du capital de la société. Les statuts peuvent prévoir de

Les obligations comptables de la SCI

La plupart des SCI familiales relèvent de l'impôt sur le revenu. Elles organisent librement la tenue de leur comptabilité, notamment pour permettre au gérant de rendre compte annuellement de sa gestion, des bénéfices réalisés et des pertes subies par la société, de justifier des résultats de la société auprès du fisc, ou de faciliter l'évaluation des parts sociales (en cas de cession de parts, de retrait d'un associé ou de dissolution de la société). La société peut se contenter d'enregistrer simplement les recettes encaissées et les dépenses payées dans un livre de trésorerie. Elle a toutefois intérêt à tenir une comptabilité de type commercial dans certains cas particuliers : présence de comptes courants d'associés, libération progressive du capital social, réalisation de montages complexes… Elle limite ainsi les risques vis-à-vis du fisc et les litiges entre associés.

rémunérer les sommes placées en compte courant. Les intérêts servis sont déductibles des bénéfices sociaux, sous conditions (voir chapitre 10).

Le recours à l'emprunt

La SCI peut recourir à un emprunt bancaire si les associés ne souhaitent pas, ou ne peuvent pas, faire des apports en numéraire, ni consentir des avances en compte courant. L'emprunt peut servir à financer l'achat d'un bien immobilier ou à réaliser de gros travaux, par exemple. Privilégier le recours à l'emprunt plutôt que de réinvestir les bénéfices réalisés permet à la société de continuer à les distribuer aux associés, leur assurant ainsi des revenus. En outre, cela permet aux associés de déduire des intérêts et frais d'emprunts de leurs revenus fonciers, ce qui réduit d'autant leur base imposable. Le gérant a le pouvoir de souscrire seul un emprunt au nom de la société si l'objet social le lui permet. C'est lui qui signe l'acte d'emprunt au nom de la société.

La SCI peut recourir à un emprunt amortissable classique ou à un crédit « in fine ». Mais elle ne peut pas accéder aux prêts aidés par l'État réservés aux particuliers, tels que le prêt à taux zéro (PTZ), le prêt conventionné ou le prêt épargne-logement. En revanche, les SCI non soumises à l'impôt sur les sociétés dont au moins l'un des associés est une personne physique peuvent bénéficier d'un éco-prêt à taux zéro « individuel » pour tous les types de travaux éligibles. Lorsque le logement est en copropriété et que les travaux sont réalisés sur des parties ou équipements communs, ou sur les parties privatives en tant que travaux d'intérêt collectif (changement de fenêtres, pose de thermostats, de compteurs, ...), la SCI peut aussi bénéficier d'un éco-prêt à taux zéro « copropriété » par l'intermédiaire du syndicat de copropriétaires, à hauteur de sa quote-part de charges.

Pour bénéficier de l'éco-PTZ « individuel » ou «copropriétés », le logement doit être occupé ou destiné à être occupé à titre de résidence principale, soit gratuitement par un associé personne physique de la SCI, soit par un locataire. À noter, la condition liée aux 75 % de quotes-parts occupées à titre de résidence principale est supprimée depuis le 1er juillet 2019.

Les assemblées d'associés

L'assemblée générale des associés est l'organe collégial de la SCI. C'est elle qui prend les décisions qui excèdent les pouvoirs du gérant définis dans les statuts et qui approuve sa gestion. C'est aussi le lieu au sein duquel les associés exercent leurs droits à participer à la vie de la SCI. Rappelons toutefois que les statuts peuvent prévoir que les décisions collectives résulteront, non d'une assemblée générale, mais d'une consultation écrite ou d'un acte signé par tous les associés (*articles 1853 et 1854 du Code civil* ; voir p. 116 et encadré ci-après).

La périodicité des réunions

Une assemblée générale ordinaire doit se tenir au moins une fois par an pour l'approbation des comptes et de la gestion et pour décider du sort des bénéfices réalisés au cours de l'exercice passé. La consultation des associés peut aussi intervenir à tout moment, en dehors des assemblées annuelles. Le gérant peut, par exemple, convoquer une assemblée extraordinaire dès qu'une décision excédant ses pouvoirs doit être prise, ou si elle entraîne une modification statutaire.

Le gérant convoque l'assemblée

La loi ne réglemente pas les modalités de convocation de l'assemblée. Il faut se référer aux statuts. S'ils ne prévoient rien, c'est en principe le gérant qui fixe l'ordre du jour, rédige le texte des résolutions à adopter et adresse les convocations à chaque associé, quelle que soit sa participation dans la société. En pratique, les statuts attribuent généralement cette fonction au gérant. En cas de pluralité de gérants, chacun d'eux peut procéder aux convocations.
Les associés sont convoqués quinze jours au moins avant la réunion, par lettre recommandée adressée à leur domicile. Les associés doivent veiller à informer la société de leur changement d'adresse, faute de quoi la convocation envoyée à leur dernière adresse connue est valable *(C. cass. civ. 3e, 25.6.2020, n° 18-26-719)*. La convocation doit préciser l'ordre du jour et indiquer clairement le contenu et la portée des questions qui y sont inscrites. Le texte des résolutions proposées et tous les documents nécessaires à l'information des

associés doivent être tenus à leur disposition au siège social, où ils peuvent en prendre connaissance ou copie. Les associés peuvent demander que ces documents leur soient adressés soit par lettre simple, soit à leurs frais par lettre recommandée *(article 40 du décret du 3.7.1978 ; C. cass., civ. 3e, 4.10.1998, n° 86-11320).* Un associé non gérant peut également, à tout moment, demander en recommandé au gérant de provoquer une délibération des associés sur une question déterminée. Si le gérant rejette la demande ou garde le silence pendant un mois à compter de la réception du courrier, l'associé peut solliciter du président du tribunal judiciaire la désignation rapide d'un mandataire chargé de convoquer l'assemblée *(article 39 du décret du 3.7.1978).*

+ Une **convocation verbale** de l'assemblée générale est valable, à condition que tous les associés de la SCI soient ensuite présents ou représentés lors de la réunion.

Le contenu de la convocation

La convocation doit indiquer la date, l'heure et le lieu de l'assemblée, ainsi que son ordre du jour (voir le modèle p. 201). Le contenu et

Le vote des associés

La consultation des associés peut avoir lieu par écrit si les statuts de la SCI le prévoient. Ce procédé facilite la participation de ceux qui sont géographiquement éloignés. Le gérant adresse aux associés, en recommandé, le texte des résolutions proposées, ainsi que les documents nécessaires à la prise des décisions. Les associés retournent leur vote par écrit dans les délais fixés par les statuts (quinze jours au minimum à compter de la réception des documents) en indiquant clairement leur choix (vote pour, contre ou abstention). Les décisions collectives peuvent aussi résulter du consentement unanime des associés, exprimé dans un acte écrit signé par tous *(article 1854 du Code civil)*. En pratique, ce procédé est fréquemment utilisé dans les SCI familiales car il permet de prendre une décision rapidement, sans formalisme.

la portée des questions inscrites à l'ordre du jour doivent apparaître clairement, sans qu'il y ait lieu de se reporter à un autre document. Avant toute assemblée, les associés disposent d'un droit d'information. Le texte des résolutions proposées et tous les documents nécessaires à leur information sont tenus à leur disposition au siège social de la société, où ils peuvent en prendre connaissance et copie *(article 41 du décret du 3.7.1978)*. S'il s'agit de l'assemblée annuelle, le gérant doit adresser à chacun des associés :

- un rapport d'ensemble sur l'activité de la société avec indication des bénéfices et des pertes (et les rapports de l'organe de surveillance ou des commissaires aux comptes s'il y a lieu) ;
- le texte des résolutions proposées ;
- tout autre document dont les associés doivent prendre connaissance pour porter un jugement éclairé sur la gestion (pièces comptables, résultats de l'exercice écoulé, perspectives d'avenir…).

Le déroulement de l'assemblée générale

Tout associé a le droit de participer à l'assemblée, quel que soit son nombre de parts. Aucune disposition statutaire ne peut l'en écarter *(article 1844 du Code civil)*. La réunion n'étant pas publique, les associés ou le gérant peuvent s'opposer à la présence de tiers à la société lors de la réunion. Un mineur émancipé peut voter personnellement *(article 413-6 du Code civil)* ; le droit de vote d'un mineur non émancipé s'exerce par l'intermédiaire de son administrateur légal (en principe, ses parents). Quant aux majeurs protégés, tout dépend de leur régime de protection : le majeur sous sauvegarde de justice peut voter seul *(article 435 du Code civil)* ; le majeur sous curatelle doit être assisté de son curateur pour les décisions importantes (vente d'un bien… ; *article 467 du Code civil*) ; le majeur sous tutelle ne peut pas voter seul : il est représenté par son tuteur, avec l'autorisation du conseil de famille ou du juge des tutelles pour les décisions

> **+** À défaut de précisions dans les statuts, l'auteur de la convocation doit veiller à tenir les assemblées générales dans **un lieu aisément accessible** à tous, afin que chaque associé puisse exercer son droit à participer aux décisions collectives.

importantes *(article 502 du Code civil)*. Enfin, pour les personnes soumises à une mesure d'habilitation familiale, tout dépend de l'étendue des pouvoirs de représentation du proche habilité *(articles 494-1 et suivants du Code civil)*.

La tenue de la réunion

La loi n'impose pas de quorum, c'est-à-dire un nombre minimum d'associés présents ou représentés, pour que l'assemblée puisse valablement se tenir. Elle peut donc prendre des décisions même si très peu d'associés sont présents ou représentés. Mais les statuts peuvent en imposer un.

La tenue d'une feuille de présence n'est pas non plus obligatoire, sauf si les statuts le prévoient. Le président de l'assemblée, en général le gérant de la SCI, dirige les débats et veille au respect de l'ordre du jour. L'assemblée ne délibère valablement que sur les questions figurant à l'ordre du jour. En revanche, elle peut parfaitement débattre, sans vote, d'un sujet qui n'y est pas inscrit.

Le mode de scrutin

Le droit de vote est un droit fondamental des associés dont ils ne peuvent pas être totalement privés. En revanche, le nombre de voix dont dispose chaque associé peut être librement fixé et éventuellement restreint par les statuts. À défaut de précision statutaire, chaque associé dispose d'un nombre de voix proportionnel à sa quote-part dans le capital social. Si les statuts le prévoient, un associé peut donner mandat (procuration) à un autre associé ou à un tiers à la SCI pour le représenter lors de la réunion. Rappelons que, dans un couple, le droit de vote appartient à l'époux qui a la qualité d'associé, même si les parts sociales sont des biens communs. Lorsque les parts sociales sont détenues par plusieurs associés en indivision, un mandataire unique doit être désigné par les indivisaires *(article 1844 du Code civil)*.

> Dans les SCI familiales, **le vote a généralement lieu à main levée**, mais il peut être effectué à bulletin secret si les statuts le prévoient ou si l'assemblée générale des associés le décide.

En cas de démembrement des parts sociales, le nu-propriétaire et l'usufruitier ont le droit de participer aux décisions collectives. Le droit de vote appartient au nu-propriétaire, sauf pour les décisions concernant l'affectation des bénéfices, où il est réservé à l'usufruitier. Toutefois, les statuts de la société peuvent déroger à cette règle. Par ailleurs, pour les autres décisions, le nu-propriétaire et l'usufruitier peuvent convenir que le droit de vote sera exercé par l'usufruitier *(article 1844 du Code civil).*

> **+** Les statuts doivent préciser **comment se calcule la majorité** : en capital ou en nombre d'associés, en fonction de l'ensemble des associés ou seulement des présents et représentés.

Les règles de majorité applicables aux décisions collectives sont fixées par les statuts. Par exemple, application de la majorité simple pour les décisions ordinaires (50 % des voix + 1) et de la majorité renforcée pour les décisions plus importantes, comme la modification des statuts (2/3 ou 3/4 des voix, par exemple). À défaut de précisions dans les statuts, les décisions doivent être adoptées à l'unanimité.

Le procès-verbal des délibérations

Les décisions des associés, qu'elles aient été prises en assemblée ou par une consultation écrite, donnent lieu à l'établissement d'un procès-verbal établi et signé par le gérant (et par le président de séance s'il est différent). Le procès-verbal doit contenir les mentions suivantes (*article 44 du décret du 3.7.1978* ; voir le modèle p. 202) :

- nom et prénoms des associés qui y ont participé ;
- nombre de parts détenues par chacun d'eux ;
- documents et rapports soumis aux associés ;
- texte des résolutions mises aux voix (qu'elles aient été adoptées ou rejetées) ;
- résultat des votes ;
- date et lieu de la réunion, nom, prénoms et qualité du président de séance et résumé des débats, en cas de tenue d'une assemblée.

Les procès-verbaux sont consignés dans un registre spécial des délibérations tenu au siège de la société. Les pages du registre doivent être numérotées et signées soit par un juge du tribunal de commerce ou du tribunal judiciaire, soit par le maire ou un adjoint au maire de la commune du siège social. Toutefois, les procès-verbaux peuvent être établis sur des feuilles mobiles numérotées sans discontinuité, paraphées dans les conditions prévues ci-dessus et revêtues du sceau de l'autorité qui les a paraphées. Dès qu'une feuille a été remplie, même partiellement, elle doit être jointe à celles précédemment utilisées. Toute addition, suppression, substitution ou interversion de feuilles est interdite *(article 45 du décret du 3.7.1978)*.

+ Lorsqu'**une décision résulte du consentement des associés** exprimé dans un acte, elle doit aussi être mentionnée dans le registre des délibérations de la SCI, avec l'indication des signataires de l'acte. L'acte (ou sa copie authentique s'il est notarié) est conservé par la société.

L'abus de majorité ou de minorité

Les associés majoritaires peuvent voir leur responsabilité engagée s'ils prennent une décision motivée uniquement par leur intérêt exclusif, au détriment de celui de la SCI ou des associés minoritaires. En outre, ces décisions sont susceptibles d'être annulées en justice. Par exemple, peuvent être annulées pour abus de majorité : la décision d'attribuer une rémunération excessive aux gérants de la SCI ; la fusion de la SCI avec une autre société, seulement motivée par la volonté de priver un associé minoritaire de son droit de rachat des parts sociales. À noter, une répartition inégalitaire des bénéfices votée par les associés ne constitue pas un abus de majorité, dès lors que les minoritaires sont avantagés et que la décision n'est pas contraire à l'intérêt social *(C. cass., civ. 3e du 18.4.2019, n° 18-11.881)*. Les associés minoritaires peuvent aussi voir leur responsabilité engagée si leur refus systématique et injustifié de voter les résolutions proposées empêche la prise de décisions essentielles à la vie de la SCI et à la réalisation de son objet social. Ainsi, des oppositions répétées à une augmentation de capital jugée indispensable engagent la responsabilité des actionnaires minoritaires.

L'achat d'immeuble par la SCI

Une SCI existante qui possède déjà un ou plusieurs biens immobiliers peut souhaiter acheter un bien supplémentaire. Cette décision doit être prise en assemblée générale, à la majorité prévue par les statuts pour ce type de décision. Lorsqu'il s'agit d'une décision importante, les statuts prévoient, en principe, une majorité renforcée (généralement les associés représentant les 2/3 ou les 3/4 du capital social). Dans le silence des statuts, la décision doit être prise à l'unanimité.

Pour financer cet achat, la SCI peut avoir recours à un emprunt bancaire. Les associés peuvent aussi faire des apports en numéraire. Dans les deux cas, l'opération aboutira à une augmentation de capital, la valeur de l'immeuble ou le montant des apports venant s'ajouter au capital initial. Le capital peut alors être augmenté de deux manières : par émission de parts sociales nouvelles ou par élévation de la valeur des parts existantes.

Une fois l'augmentation de capital réalisée, le gérant doit accomplir des formalités de publicité dans le mois qui suit la décision des associés : insertion d'un avis dans un journal d'annonces légales du département du siège social ; dépôt au greffe du tribunal de commerce dont dépend la société d'une demande visant à modifier le montant du capital social au registre du commerce et des sociétés.

L'augmentation de capital doit aussi être enregistrée à la recette des impôts dans le délai d'un mois et donne lieu au paiement de droits à la charge de la société. Les apports en numéraire sont enregistrés gratuitement depuis le 1er janvier 2019 *(articles 635, 1-5° et 810 du Code général des impôts)*. L'achat d'un bien immobilier par la SCI est soumis aux mêmes droits de vente que ceux dus en cas d'achat en direct, soit 5,80 % actuellement dans la plupart des départements.

LA GESTION DES BIENS IMMOBILIERS

La mise à disposition gratuite d'un bien

Les SCI familiales sont le plus souvent des sociétés de gestion d'immeubles. Elles peuvent décider d'exploiter ou non les biens qu'elles détiennent, c'est-à-dire les mettre en location pour en tirer des revenus ou les laisser gratuitement à la disposition de leurs associés. La mise à disposition gratuite d'un bien de la SCI au profit de ses associés est souvent motivée par la volonté de maintenir une maison de famille dans le patrimoine familial. Ce peut être le cas aussi de la SCI créée par des partenaires de Pacs ou des concubins lors de l'acquisition de leur résidence principale (suivi d'un démembrement croisé des parts sociales destiné à permettre au survivant de continuer de jouir du logement sa vie durant), ou encore lorsque le bien a été acheté par la société en vue de devenir la résidence secondaire des associés.

La SCI ne déclare pas de revenus

Une SCI soumise à l'impôt sur le revenu (IR), qui laisse la disposition gratuite de ses immeubles à ses associés, est considérée fiscalement comme s'en réservant la jouissance. Elle n'est pas imposée sur le « loyer théorique » que le bien lui rapporterait s'il était loué (voir toutefois p. 160 pour les immeubles qui ne sont pas des logements). Les associés, qu'ils soient ou non occupants de l'immeuble, ne sont donc pas non plus imposés au titre de cette occupation. La SCI ne déclarant pas de recettes, elle ne peut pas non plus déduire fiscalement de charges pour ce bien et ce, quelle qu'en soit la nature : intérêts d'emprunt contracté pour son acquisition, dépenses d'entretien, travaux de réparation… Ces charges ne sont déductibles que si elles se rapportent à des biens loués par la SCI. Attention, le procédé consistant à louer un logement à un associé plutôt que de le mettre

> **+** Une SCI dont tous les immeubles sont laissés à la disposition gratuite des associés, qui ne perçoit aucun revenu et ne verse aucune rémunération aux associés, **n'est pas tenue de souscrire une déclaration spécifique de résultats n° 2072**, sauf l'année de sa constitution (voir l'encadré p. 156).

à sa disposition gratuite peut être sanctionné s'il s'avère qu'il poursuit un but exclusivement fiscal. Le fisc peut en effet voir dans cette « location à soi-même » un abus de droit caractérisé.
Si la SCI est soumise à l'impôt sur les sociétés (IS), elle ne bénéficie pas du principe de non-imposition du « loyer théorique ». Celui-ci est taxé à l'IS mais, en contrepartie, la société peut déduire les charges foncières qu'elle supporte pour l'immeuble occupé. Pour l'associé occupant, l'avantage en nature que représente l'occupation gratuite est considéré comme un revenu distribué, imposable entre ses mains dans la catégorie des revenus de capitaux mobiliers.

Les associés bénéficient de crédits d'impôt

L'associé qui occupe, à titre d'habitation principale, un logement appartenant à la SCI, peut bénéficier de crédits d'impôt en contrepartie de certaines dépenses qu'il engage dans le bien. Concrètement, le fisc déduit une partie de la dépense réalisée de l'impôt sur le revenu de l'associé concerné. Pour les dépenses payées en 2020, deux crédits d'impôt distincts sont applicables : le crédit d'impôt en faveur de la transition énergétique (CITE), pour certains travaux contribuant à améliorer la performance énergétique du logement ; le crédit d'impôt en faveur de la protection des personnes, pour certains travaux d'accessibilité ou de sécurité du logement et pour les travaux prescrits par un plan de prévention des risques technologiques (PPRT). Pour les dépenses de travaux payées à compter de 2021, le CITE sera supprimé et remplacé par le dispositif MaPrimeRénov'. Mais les particuliers résidant dans un logement appartenant à une SCI ne pourront pas en bénéficier, même s'ils sont associés de la SCI.

Le crédit d'impôt pour la transition énergétique

Certains travaux de rénovation destinés à améliorer la performance énergétique des résidences principales achevées depuis plus de deux ans, payés jusqu'au 31 décembre 2020, ouvrent droit à un avantage fiscal spécifique, le crédit pour la transition énergétique *(CITE - article 200 quater du Code général des impôts)*. L'économie de ce dispositif a été réformée en profondeur pour les dépenses payées en 2020, dernière année d'application du CITE.

Seuls peuvent encore en bénéficier les contribuables qui sont propriétaires de leur logement et dont le revenu fiscal de référence de 2018 ou de 2019 est supérieur ou égal à un seuil variable selon la composition de leur foyer fiscal. Les associés d'une SCI non soumise à l'impôt sur les sociétés y ont également droit s'ils respectent les conditions de revenus requises, pour les dépenses qu'ils engagent personnellement dans les logements appartenant à la société qu'ils occupent à titre de résidence principale.

Le montant du crédit d'impôt est égal à un forfait, variable selon l'équipement, les matériaux ou les appareils installés. Il ne peut pas dépasser 75 % de la dépense supportée, et il est plafonné à 2 400 euros (célibataire) ou 4 800 euros (couple), plus 120 euros par personne à charge, pour toutes les dépenses payées entre 2016 et 2020.

De nombreux travaux sont éligibles au CITE : matériaux d'isolation thermique des parois vitrées ou opaques, équipements de chauffage ou de fourniture d'eau chaude sanitaire fonctionnant au bois ou autres biomasses ou à l'énergie solaire thermique, pompes à chaleur (autres que air/air), équipements de raccordement à un réseau de chaleur et/ou de froid, système de charge pour véhicule électrique, équipements ou matériaux de protection des parois vitrées ou opaques contre les rayonnements solaires, audit énergétique, dépose de cuve à fioul, équipements de ventilation mécanique contrôlée à double flux, poêles, foyers fermés et inserts à bûches ou granulés. Les bouquets de travaux réalisés dans une maison individuelle sont aussi éligibles au CITE si les dépenses réalisées permettent de faire passer la consommation énergétique primaire d'un niveau supérieur à 331 kWh/m^2 avant travaux à un niveau après travaux inférieur ou égal à 150 kWh/m^2.

À noter, la loi de finances pour 2021 prévoit que le CITE version 2020 s'appliquera aussi aux dépenses payées en 2021 pour lesquelles les contribuables ont signé un devis et versé un acompte entre le 1er janvier 2019 et le 31 décembre 2019. Par ailleurs, le CITE version 2019 s'appliquera aux dépenses payées en 2020 pour lesquelles les contribuables ont signé un devis et versé un acompte entre le 1er janvier 2018 et le 31 décembre 2019. Pour en savoir plus sur le CITE version 2019, reportez-vous à notre *Guide la déclaration de revenus* édité en janvier 2020, disponible dans la boutique du site *leparticulier.fr*.

Le crédit d'impôt pour la protection des personnes âgées ou handicapées

L'installation dans une résidence principale (quelle que soit son ancienneté), jusqu'au 31 décembre 2023, d'équipements spécifiques destinés à en faciliter l'accès aux personnes âgées ou handicapées (équipements sanitaires adaptés, barres de maintien, revêtement de sol antidérapant...) ouvre droit à un crédit d'impôt *(article 200 quater A du Code général des impôts)*. Son taux est fixé à 25 % des dépenses engagées, retenues dans la limite de 5 000 euros pour une personne seule, 10 000 euros pour un couple soumis à imposition commune, plus 400 euros par personne à charge. Il s'agit d'un plafond global valable pour toutes les dépenses payées sur cinq années consécutives.

La réalisation de travaux prescrits par un plan de prévention des risques technologiques ouvre aussi droit à ce crédit d'impôt, s'ils sont réalisés dans un logement situé dans le périmètre couvert par le plan et déjà achevé à la date de son approbation. Son montant est alors égal à 40 % des dépenses engagées, retenues dans la limite de 20 000 euros par logement (quelle que soit la composition du foyer fiscal).

La location de locaux appartenant à la SCI

La plupart des SCI familiales ont pour activité la gestion et la location d'immeubles d'habitation. Elles peuvent également louer des murs pour l'exercice d'une activité industrielle, commerciale ou artisanale. Dans tous les cas, le contrat de location est conclu par la SCI. Il est soumis, sauf sur certains points particuliers, aux mêmes règles légales que si les associés louaient directement des biens leur appartenant.

La location est un acte d'administration qui relève des pouvoirs du gérant. Ce dernier n'a donc pas à solliciter l'autorisation préalable des associés pour rechercher un locataire, s'assurer de sa solvabilité, rédiger et signer un bail au nom de la SCI (sauf limitation statutaire de ses pouvoirs). Il gère ensuite les relations avec le locataire. La société peut toutefois choisir de déléguer ces tâches à un professionnel (un agent immobilier ou un administrateur de biens, par exemple).

La location de logements ou de locaux professionnels

L'activité de la SCI est par nature civile. Mais si elle se livre à l'activité de location en meublé, même à titre occasionnel, elle peut être considérée fiscalement comme exerçant une activité commerciale et relever à ce titre de l'impôt sur les sociétés (voir l'encadré p. 172). Pour être soumise à l'impôt sur le revenu, elle doit consentir principalement des locations vides (non meublées). Cette condition remplie, elle peut louer des biens à usage d'habitation, professionnel ou mixte (habitation et professionnel).

Le bien constitue la résidence principale du locataire

Hormis pour quelques points particuliers évoqués ci-après, la loi n° 89-462 du 6 juillet 1989 sur les rapports locatifs ne distingue pas selon que le propriétaire du logement est une personne physique ou une SCI. Rappelons que cette loi s'applique obligatoirement à tout logement loué à titre de résidence principale du locataire, qu'il soit loué vide ou meublé (pour plus de précisions sur cette loi, voir notre ouvrage *Réussir votre location*). Les points développés ci-dessous concernent spécialement la location par une SCI.

La durée du bail est de trois ou six ans. La location nue à usage de résidence principale du locataire est conclue pour trois ans minimum lorsque le bailleur est une personne physique, et pour six ans minimum lorsque le bailleur est une personne morale. Les SCI familiales constituées entre parents et alliés jusqu'au quatrième degré (c'est-à-dire au maximum entre cousins germains) peuvent cependant conclure un bail de trois ans *(articles 10 et 13 de la loi de 1989)*. En revanche, ces dispositions ne bénéficient pas aux SCI constituées entre concubins ou entre partenaires de Pacs, pour lesquelles la durée minimale du bail reste fixée à six ans *(C. cass., civ. 3e, 8.11.1995, n° 93-11196 ; Rép. min.,* JO Sénat *du 3.5.2007, n° 25671)*.

Le congé pour reprise peut être délivré uniquement au profit d'un associé. Un bailleur ne peut donner congé à son locataire qu'en fin de bail et pour l'un des motifs suivants limitativement énumérés par la loi : vente du bien ; reprise pour l'habiter ; motif légitime et sérieux. La reprise pour habiter ne peut être invoquée que par une SCI familiale constituée entre parents et alliés jusqu'au quatrième degré inclus. Le congé doit alors être délivré exclusivement au profit de l'un de ses associés. Sont exclus du bénéfice de la reprise les proches de l'associé (conjoint, partenaire de Pacs, enfants, ascendants…), s'ils ne sont pas eux-mêmes associés *(C. cass., civ. 3e, 19.1.2005, n° 03-15922)*. Le congé pour reprise ne peut pas non plus être invoqué par l'associé unique entre les mains duquel sont réunies toutes les parts de la SCI *(C. cass., civ. 3e, 31.5.2007, n° 06-13524)*, ni en cas de location d'un logement meublé consentie par une SCI familiale *(Rép. Min. n° 4495, JOAN du 11.12.2018)*.

> **+** Le locataire d'un logement appartenant à une SCI bénéficie des mêmes droits et est soumis aux mêmes obligations qu'en cas de location directe à un bailleur particulier. Il peut partir à tout moment, en respectant **un délai de préavis d'un ou trois mois** selon le cas.

Pour être valable, le congé doit indiquer le nom et l'adresse du bénéficiaire de la reprise. Il doit être adressé au locataire par courrier recommandé ou par acte d'huissier au plus tard six mois avant la fin du bail. À défaut, le bail se reconduit tacitement à son terme, pour une nouvelle durée de trois ou six ans.

Le cumul des garanties de paiement. Si le locataire est un étudiant ou un apprenti, la SCI échappe à l'interdiction de cumuler une assurance loyers impayés avec la caution d'un tiers. Cependant, si le logement appartient à une SCI « non familiale » (par exemple, constituée entre concubins ou entre partenaires de Pacs), la caution n'est autorisée que si le locataire est un étudiant ne bénéficiant pas d'une bourse de l'enseignement supérieur (elle peut alors être cumulée avec une assurance pour loyers impayés), ou si la caution est fournie par un organisme figurant sur une liste fixée par décret (tel le Fonds de solidarité pour le logement ; *article 22-1 de la loi du 6.7.1989*).

> Une SCI familiale **peut conclure un bail de courte durée**, comprise entre un et trois ans, si un événement précis mentionné dans le bail justifie qu'elle ait à reprendre le logement à brève échéance pour des raisons professionnelles ou familiales affectant un associé *(articles 11 et 13 de la loi de 1989).*

La SCI peut conclure un bail professionnel

Le bail est professionnel lorsque le locataire utilise le bien pour l'exercice d'une profession non commerciale (médecin, avocat, notaire ou architecte, par exemple). La SCI doit, dans ce cas,

La SCI peut déléguer la gestion du bien

Une SCI peut gérer elle-même la location de ses immeubles. Mais cela demande du temps et une bonne maîtrise des règles de droit, lesquelles ne cessent d'évoluer : recherche du locataire, rédaction du bail, de l'état des lieux, délivrance de quittances, calcul des augmentations de loyer, suivi des charges, des travaux... Pour l'exécution de toutes ces tâches, la société peut confier un mandat à un professionnel de l'immobilier. Il est conclu entre le gérant de la SCI et le gestionnaire. Il fixe notamment la durée de la mission, son étendue (mandat de recherche d'un locataire et de rédaction du bail, ou mandat de gestion locative), ainsi que le montant des honoraires payables au mandataire.

conclure un bail écrit d'une durée minimale de six ans. À son terme, la société peut refuser de le renouveler en donnant congé au locataire, sans avoir à se justifier. Un préavis de six mois doit toutefois être respecté. Quant au locataire, il peut partir à tout moment, en respectant un préavis de six mois. À défaut de congé au terme de la location, le bail est reconduit tacitement. Les autres clauses et conditions du bail sont librement négociables.
Par dérogation, les parties peuvent toutefois décider de se soumettre volontairement au statut des baux commerciaux, plus contraignant. Pour plus de précisions sur le bail professionnel, voir notre ouvrage *Gérer un bail commercial ou professionnel*, dans la même collection.

Le cas particulier du bail « mixte »

Un bail est dit « mixte » lorsque le bien est utilisé pour partie à usage d'habitation et pour partie à usage professionnel : par exemple, des pièces de l'appartement familial d'un médecin servent de cabinet médical. La location relève alors intégralement des dispositions de la loi du 6 juillet 1989 sur les baux d'habitation.

La location de locaux commerciaux

Lorsque le locataire exerce une activité commerciale, artisanale ou industrielle, le contrat de location est soumis aux dispositions des articles L. 145-1 et suivants et R. 145-3 et suivants du Code de commerce, régissant les baux commerciaux. Pour cela, le locataire doit exploiter un fonds de commerce lui appartenant dans les locaux loués. Il doit être immatriculé au registre du commerce et des sociétés s'il est commerçant ou industriel, ou au répertoire des métiers s'il est artisan. Comme pour un logement, le local commercial doit être loué nu. Si la SCI loue un local pourvu du mobilier ou du matériel nécessaire à l'exploitation, elle exerce une activité commerciale et relève de ce fait de l'impôt sur les sociétés (voir p. 171).
Le bail commercial est assez contraignant pour le bailleur et offre un statut particulièrement protecteur au locataire. Le contrat de location est d'une durée minimale de neuf ans. À son expiration,

le locataire a droit, sous certaines conditions, au renouvellement de son bail. Le propriétaire peut refuser ce renouvellement, mais il doit alors, en principe, verser au locataire une indemnité d'éviction, généralement égale à la valeur de son fonds de commerce.

Les investissements locatifs spéciaux

Les dispositifs locatifs dans le neuf et dans l'ancien sont ouverts aux investissements réalisés par l'intermédiaire d'une SCI non soumise à l'impôt sur les sociétés, dès lors que les loyers perçus sont imposés entre les mains des associés dans la catégorie des revenus fonciers. Pour un logement neuf acquis en 2019, c'est le dispositif Pinel qui peut s'appliquer. Pour un logement acquis après rénovation ou en vue de sa rénovation, la SCI peut opter pour le dispositif Denormandie. Par ailleurs, pour la mise en location d'un logement ancien, vous pouvez signer une convention avec l'Agence nationale de l'habitat (Anah), dans le cadre du dispositif Cosse (pour une étude détaillée de ces différents régimes, voir notre ouvrage *Optimisez vos revenus locatifs*, disponible sur la boutique de notre site). Les associés de la SCI bénéficient alors à titre personnel des avantages fiscaux attachés à ces dispositifs (réduction d'impôt, déduction spécifique…). C'est à la société d'opter pour le dispositif choisi et de respecter les engagements qu'il implique. Les associés, eux, doivent s'engager par écrit à conserver leurs parts sociales pendant toute la durée couverte par l'engagement de location pris par la société.

Le dispositif Pinel

Le dispositif d'investissement locatif Pinel qui devait s'arrêter fin 2017, a été prolongé pour quatre ans, jusqu'au 31 décembre 2021. Mis en place pour favoriser la construction de logements neufs, il concerne en priorité les logements acquis neufs ou en l'état futur d'achèvement (Vefa). Mais il s'applique aussi, de manière plus marginale, aux logements anciens réhabilités et aux locaux transformés en logements. Attention, pour les investissements réalisés en 2021 le dispositif Pinel est recentré sur les bâtiments d'habitation collectifs.

La réduction d'impôt peut atteindre 63 000 euros sur douze ans

La réduction d'impôt Pinel se décline en trois versions, selon la durée d'engagement choisie par l'investisseur. S'il opte pour une durée de six ans, il bénéficiera d'une réduction d'impôt de 12 %. S'il préfère louer pendant neuf ans, il obtiendra 18 % et 21 % pour douze ans. Outre-mer, ces taux sont portés à 23 %, 29 % ou 32 %.
La base de calcul de la réduction d'impôt est doublement plafonnée, à 5 500 euros par mètre carré, dans la limite globale de 300 000 euros par an. Autrement dit, il est possible d'économiser en impôt jusqu'à 36 000 euros sur six ans, 54 000 euros sur neuf ans ou 63 000 euros sur douze ans pour un investissement réalisé en métropole.
Le point de départ de la réduction d'impôt correspond à la date d'acquisition du bien neuf, ou à la date d'achèvement du logement ou des travaux pour un bien acheté en Vefa, réhabilité ou transformé en logement.

L'obligation d'investir dans une zone éligible

L'investisseur doit respecter certaines obligations. Tout d'abord, investir dans les secteurs où le marché locatif est tendu ou très tendu. Cela concerne essentiellement trois zones : zone A bis (Paris, communes chères de la petite couronne), zone A (région parisienne, Côte d'Azur, Genevois français, certaines grandes villes comme Lille, Lyon, Marseille…), zone B1 (villes de plus de 250 000 habitants).
Pour chaque zone, un plafond de loyer est fixé chaque année, à respecter par l'investisseur. Le plafond applicable est majoré pour les logements de petite taille et, à l'inverse, minoré pour les logements plus grands. L'investisseur doit, en outre, sélectionner un locataire dont les revenus n'excèdent pas certains plafonds. Ces derniers sont cependant peu contraignants. Le dispositif Pinel autorise, par ailleurs, la location à un ascendant ou à un descendant (parent, enfant étudiant…) d'un associé. À condition qu'il soit détaché de son foyer fiscal et qu'il respecte les plafonds de revenus imposés.

> **+** La SCI qui réalise un investissement dans le neuf et opte pour le dispositif Pinel **doit louer le logement dès son acquisition**, ou son achèvement s'il est postérieur. Elle ne peut pas en réserver la jouissance gratuite, même temporairement, à ses associés.

Le dispositif Cosse ancien

Successeur du dispositif Borloo ancien, le dispositif Cosse ancien permet de bénéficier d'une déduction spécifique allant de 15 % à 85 %, calculée sur le montant des loyers imposables au nom des associés, qui s'ajoute aux autres charges déductibles. Applicable aux logements loués dans le cadre d'une convention signée avec l'Agence nationale de l'habitat entre janvier 2017 et décembre 2022, il comprend deux niveaux : l'un pour les locations dans le secteur intermédiaire, l'autre pour les locations en secteur social ou très social. La convention fixe également les plafonds de loyers à respecter et les conditions de ressources des locataires, lesquels varient selon le lieu du logement et le secteur locatif choisi (intermédiaire ou social).

SCI et allocations logement

En principe, les allocations logement (ALF, ALS, APL) ne sont pas attribuées aux locataires qui occupent un logement appartenant à l'un de leurs ascendants ou descendants, ou un ascendant ou descendant de leur conjoint, concubin ou partenaire de Pacs. Il en va ainsi même en cas de location *via* une SCI. En effet, l'allocation logement n'est pas due aux personnes qui sont locataires d'un logement dont elles-mêmes, leurs conjoints, concubins ou toute personne liée à elles par un pacte civil de solidarité, ou l'un de leurs ascendants ou descendants, jouissent d'une part de la propriété ou de l'usufruit de ce logement, personnellement ou par l'intermédiaire de parts sociales de société, quels que soient leurs formes et leurs objets *(articles L. 542-2, VIII du Code de la Sécurité sociale et L. 351-2-1 du Code de la construction et de l'habitation)*. Par dérogation, l'aide peut être versée si l'ensemble des parts de propriété et d'usufruit du logement ainsi détenues est inférieur à 10 % pour les parts de propriété et à 10% pour les parts d'usufruit, sans que l'ensemble de ces parts ne puisse égaler ou dépasser 10 % au total *(articles D. 542-1 du Code de la Sécurité sociale et R. 351-1 du Code de la construction et de l'habitation)*.

Jusqu'en 2018, seuls les logements anciens situés en zone tendue (principalement,les zones A bis, A, B1 et B2) étaient éligibles à ce dispositif. La loi Elan du 23 novembre 2018 l'a étendu à la zone C, zone où le marché locatif n'est pas tendu, pour les conventions en secteur social ou très social signées à compter du 1er janvier 2019, à condition que le conventionnement prévoit la réalisation de certains travaux d'amélioration. La société doit s'engager à louer le logement non meublé à usage de résidence principale durant au moins six ans, en cas de conventionnement sans travaux, ou pendant au moins neuf ans, en cas de conventionnement prévoyant la réalisation de travaux d'amélioration subventionnés.
Le logement ne doit pas être loué à un associé de la SCI ni à un membre du foyer fiscal, un ascendant ou un descendant d'un associé. En outre, les associés doivent conserver leurs parts sociales pendant toute la durée de la convention signée avec l'Anah.

Le dispositif Denormandie ancien

Le dispositif Denormandie vise à encourager l'investissement locatif intermédiaire en centre-ville. Il est calqué sur le dispositif Pinel, dont il reprend l'ensemble des principes de fonctionnement : acquisition de logements à rénover ou rénovés par le vendeur dans des zones géographiques prédéfinies, engagement de location sous conditions de loyers et de ressources du locataire, réduction d'impôt calculée sur le prix de revient plafonné du logement et imputée par fractions, etc.
Il est applicable aux logements acquis entre 2019 et 2022, situés dans une commune dont le besoin de réhabilitation en centre-ville est particulièrement marqué, ou ayant conclu une convention d'opération de revitalisation de territoire (ORT).
Sont éligibles au dispositif les logements acquis en vue de leur rénovation, les logements déjà rénovés, les locaux à transformer en logements et les logements issus de la transformation de locaux destinés à un autre usage que l'habitation. Le dispositif impose la réalisation de travaux de rénovation ou de transformation à hauteur de 25 % au moins du coût total de l'opération.

L'IMPOSITION DES REVENUS

L'impôt sur le revenu

La plupart des SCI familiales sont fiscalement « translucides », c'est-à-dire que les bénéfices qu'elles réalisent ne sont pas imposés à leur nom, mais directement entre les mains des associés. Ces bénéfices sont, pour l'essentiel, constitués des loyers tirés de la location d'immeubles non meublés. Les associés sont alors imposés personnellement, pour la quote-part des bénéfices leur revenant, dans la catégorie des revenus fonciers, dans des conditions similaires à celles des bailleurs de biens loués en direct.

Les déclarations fiscales de la SCI

Le gérant d'une SCI soumise à l'impôt sur le revenu doit remplir chaque année une déclaration spécifique de résultats n° 2072, complète (n° 2072-C-SD) ou simplifiée (n° 2072-S-SD), et ses annexes. Cela lui permet de déterminer le bénéfice imposable ou le déficit imputable à répartir entre les associés. Pour une étude détaillée des déclarations fiscales des SCI et de leurs associés, reportez-vous à notre ouvrage *Optimisez vos revenus locatifs*, disponible sur la boutique de notre site.

La forme de la déclaration

La déclaration se décline en deux versions : une déclaration simplifiée n° 2072-S-SD et une déclaration complète n° 2072-C-SD. C'est le gérant de la société qui remplit la déclaration n° 2072 et ses annexes.

Par ailleurs, pour permettre aux associés de remplir leur propre déclaration de revenus fonciers, la société doit leur remettre une attestation précisant leur quote-part dans les revenus sociaux.

La déclaration n° 2072 doit obligatoirement être remplie en ligne, *via* l'espace professionnel créé par la SCI sur impots.gouv.fr. Celle-ci peut aussi télétransmettre sa déclaration n° 2072 au moyen de la procédure EDI-TDFC (transfert de données fiscales et comptables). L'information sur ce service est disponible sur le site : impots.gouv.fr, rubrique « Professionnels ». Le non-respect de l'obligation de remplir la déclaration n° 2072 par voie dématérialisée entraîne l'application d'une amende de 15 euros par document, avec un minimum de 60 euros et un maximum de 150 euros. Une mesure de tolérance est cependant prévue en faveur des SCI de famille qui conservent le bien immobilier uniquement pour un usage personnel et déposent une déclaration uniquement l'année de leur constitution. Ces SCI sont autorisées à déposer cette unique déclaration en version papier. Une mesure de tolérance est également prévue pour les SCI résidant dans les zones blanches (zones où aucun service mobile n'est disponible).

Si la société réalise un investissement soumis à un dispositif fiscal particulier (Pinel dans le neuf, Denormandie ou Cosse dans l'ancien), le gérant doit aussi joindre à la déclaration de résultats établie au titre de l'année d'achèvement du logement, de son acquisition ou de la signature du bail, certains documents (formulaire d'option pour le Pinel et le Denormandie, convention Anah pour le Cosse), ainsi que les pièces justificatives nécessaires (avis d'imposition du locataire, contrat de location, etc.).

Le délai de déclaration

En principe, la date limite de dépôt de cette déclaration de résultats n° 2072 est fixée chaque année au début du mois de mai.

Attention, une SCI qui ne dépose pas de déclaration de résultats dans les délais impartis est passible d'une amende de 150 euros. L'amende n'est cependant pas due s'il s'agit de sa première infraction commise l'année en cours et les trois précédentes et si la SCI régularise sa situation spontanément ou dans les trente jours suivant une demande du fisc *(article 1729 B du Code général des impôts).*

> L'intérêt de retard et **les pénalités pour insuffisance de déclaration** ne s'appliquent qu'à l'égard des associés, dans le cadre de leur propre déclaration de revenus, pas à l'égard de la SCI.

L'imposition des revenus fonciers

Depuis janvier 2019, les revenus fonciers sont soumis au prélèvement à la source. Ils donnent lieu au paiement d'acomptes d'impôt et de prélèvements sociaux prélevés chaque mois par le fisc sur le compte bancaire de l'associé. Celui-ci peut cependant opter pour un acompte trimestriel payable en février, mai, août et novembre de chaque année. Cette option est ensuite reconduite tacitement tant qu'elle n'est pas dénoncée.

Pour déterminer le montant des acomptes, l'administration fiscale tient compte des derniers revenus fonciers déclarés. Il multiplie ces revenus par le taux de prélèvement à la source du foyer de l'associé pour déterminer le montant de son acompte d'impôt, et par 17,2 % pour déterminer le montant de son acompte de prélèvements sociaux. Les résultats obtenus sont ensuite divisés par douze pour déterminer le montant des acomptes à prélever mensuellement, ou par quatre en cas d'option pour des acomptes trimestriels.

> + La demande de paiement d'acomptes spontanés et celle de suspension des acomptes **peuvent être faites depuis votre espace personnel** sur le site des impôt, rubrique « Gérer mon prélèvement à la source ».

Les revenus fonciers encaissés deux ans plus tôt permettent de déterminer les acomptes à payer entre janvier et août, et les revenus fonciers encaissés l'année précédente les acomptes à payer de septembre à décembre. Evidemment, un associé qui enregistre un déficit foncier une année donnée (s'il relève du régime réel) n'a pas d'acomptes à payer l'année suivante sur ses loyers.

De même, un associé n'a rien à payer l'année où il commence à encaisser des loyers, car le fisc n'en a connaissance que l'année suivante, une fois déposée sa déclaration de revenus fonciers. Dans

La SCI ne perçoit pas de revenus

Lorsque la SCI se borne à mettre des logements à la disposition gratuite de ses associés, elle est dispensée de souscrire chaque année la déclaration n° 2072 *(BOI-RFPI-CHAMP- 30-20, § 240)*. Elle doit simplement en établir une l'année de sa création. La déclaration redevient obligatoire dès lors que la SCI encaisse des loyers, verse une rémunération aux associés (y compris des produits financiers) ou si une modification intervient au niveau de la société (modification de la répartition du capital, de la liste des immeubles ou des conditions d'occupation des logements).

ce cas, toutefois, l'intéressé peut opter pour le versement spontané d'un acompte mensuel ou trimestriel dès le début de la location. Cela lui évite d'avoir à payer l'intégralité de l'impôt sur ses premiers loyers en fin d'année suivante.
Attention, l'impôt étant calculé sur les loyers des années antérieures, les acomptes ne diminuent pas sur le champ si les loyers viennent à baisser. Cependant, si l'associé cesse de percevoir des loyers, il peut demander à l'administration fiscale de suspendre le prélèvement des acomptes d'impôt et de prélèvements sociaux sur son compte bancaire. La suspension intervient en principe à partir de l'échéance suivant le mois de la demande.

La détermination du résultat de la société

Les bénéfices réalisés par une SCI locative relevant de l'impôt sur le revenu sont imposés, non pas en son nom, mais au nom personnel de ses associés. Lorsque ces derniers sont tous des personnes physiques qui détiennent leurs parts sociales dans le cadre de la gestion de leur patrimoine privé, le résultat net de la société est déterminé selon les règles applicables en matière de revenus fonciers. Sur le régime d'imposition applicable aux associés (microfoncier ou réel), voir p. 166 et suivantes.

Les recettes à déclarer

Les SCI doivent déclarer, sur l'imprimé fiscal n° 2072 et ses annexes, toutes les recettes encaissées au cours de l'année civile précédente.

Les loyers et suppléments de loyer

La SCI doit déclarer le montant brut des loyers encaissés au cours de l'année précédente, même s'il s'agit d'arriérés se rapportant à une année antérieure ou d'avances à valoir sur une année à venir. Elle doit aussi tenir compte des loyers qu'elle a négligés ou volontairement refusés d'encaisser. En revanche, les loyers impayés ne sont pas à déclarer si le gestionnaire du bien a vainement tenté d'en obtenir le remboursement.

Le dépôt de garantie versé par le locataire à l'entrée dans les lieux ne doit pas être déclaré l'année de sa perception. Seule la partie conservée au départ du locataire est imposable, si elle compense des loyers impayés.

Les suppléments de loyers doivent aussi être déclarés l'année de leur perception. Il s'agit, principalement, des sommes reçues d'un nouveau locataire à titre de pas-de-porte, de droit au bail ou d'indemnité d'entrée dans les lieux, si

> **+** Si le montant du loyer est **anormalement faible sans justification particulière,** le fisc peut retenir comme base d'imposition un loyer équivalent aux prix couramment pratiqués dans la zone où est situé l'immeuble.

leur versement constitue une condition de la location et trouve son origine dans l'exploitation de l'immeuble.

Les sommes à la charge du locataire

Les dépenses mises par contrat à la charge du locataire, et qui incombent normalement au propriétaire, constituent une recette à déclarer. Cependant, lorsqu'elles correspondent à des charges déductibles des revenus (travaux, impôts…), il est possible de ne pas en tenir compte (ni en recettes ni en dépenses). Ce type d'accord est surtout envisageable pour un bail commercial, le contrat mettant généralement à la charge du locataire commercial toutes les dépenses de travaux (à l'exception des grosses réparations prévues à l'article 606 du Code civil ; *article R. 145-35 du Code de commerce*).

\+ Les dépenses non locatives que **le locataire paie sans y être contraint** par son bail n'ont pas à être déclarées, même si la SCI a donné son accord préalable. Pour les dépenses locatives non remboursées par le locataire, voir p. 163.

Si le bail autorise le locataire (ou lui impose) à réaliser des travaux qui augmentent la valeur du bien loué (aménagement de locaux vétustes, par exemple), la SCI doit également déclarer le montant de l'avantage qu'elle en retire, lors du transfert de propriété des aménagements effectués (en principe, l'année où la location prend fin), sous déduction éventuelle de l'indemnité versée au locataire.

Les recettes diverses

Les revenus tirés de la location de certains droits attachés aux propriétés de la SCI doivent être déclarés : location d'un emplacement publicitaire, du toit de l'immeuble en copropriété pour y installer une antenne relais, d'un droit de chasse ou de pêche… Il en va de même des indemnités et subventions perçues, si elles ont été versées pour couvrir des charges déductibles : une subvention de l'Agence nationale de l'habitat ou une aide à la mise en conformité de bâtiments d'exploitation agricole, par exemple. La SCI doit aussi déclarer les indemnités reçues au titre d'un contrat d'assurance contre les risques locatifs, pour compenser la vacance du logement ou des loyers impayés, par exemple.

La valeur locative des biens non loués

La SCI n'a pas de recettes à déclarer si elle attribue la jouissance gratuite d'un logement à un associé ou à un tiers. En revanche, la valeur des biens autres que des logements mis à la disposition des associés ou conservés par la société (qui ne cherche pas à les louer) doit être déclarée en recettes. Les biens concernés sont principalement les locaux professionnels, ainsi que les propriétés rurales qui ne constituent pas une exploitation agricole et qui ne sont pas affectées à l'habitation. Pour ces biens, la valeur à déclarer par la SCI est égale au loyer que produirait le bien s'il était loué. En contrepartie, la société peut déduire les charges afférentes à ces immeubles.

Les charges à déduire

Toutes les charges admises en déduction pour les bailleurs personnes physiques qui relèvent du régime réel pour l'imposition de leurs revenus fonciers sont aussi déductibles par les SCI de location. Elles doivent remplir les quatre conditions suivantes : se rapporter à des immeubles dont les revenus sont imposables en tant que revenus fonciers ; avoir été effectivement payées au cours de l'année ; avoir été engagées en vue de l'acquisition ou de la conservation des revenus fonciers ; être justifiées. Si le montant des charges déductibles est supérieur aux recettes imposables, la SCI constate un déficit foncier, imputable dans certaines conditions et limites sur le revenu global imposable de ses associés (voir p. 167).

> **+** Les intérêts produits par la trésorerie de la SCI **ne sont pas imposables en tant que revenus fonciers**, mais dans la catégorie des revenus de capitaux mobiliers (au nom des associés).

Les frais d'administration et de gestion

L'ensemble des dépenses supportées au titre de l'administration et de la gestion des immeubles loués peuvent être déduites. Bien entendu, seule la part de ces frais qui reste à la charge de la société est déductible, pas celle récupérable auprès des locataires. Peuvent être déduits : les rémunérations des gardiens et concierges assurant la garde des biens loués (charges fiscales et sociales comprises) ;

les salaires, honoraires et commissions versés aux personnes qui assurent la gestion des biens loués (gérants d'immeubles, administrateurs de biens…) ; les frais de procédure engagés pour régler un différend avec un locataire ou un entrepreneur. Toutes les dépenses qui n'entrent pas dans l'une de ces catégories (frais de correspondance, de téléphone, de mobilier de bureau, de logiciels…) ne sont déductibles que forfaitairement, à hauteur de 20 euros par local loué.

Les primes d'assurance

Les primes d'assurance versées pour couvrir les risques susceptibles d'affecter les immeubles sont déductibles : incendie et risques annexes ; dégât des eaux ; bris de glace, vol ou vandalisme ; dégâts causés par la tempête, la grêle ou la neige ; dommages causés par une catastrophe naturelle ; responsabilité civile ; impayés de loyers. Les primes d'assurance destinées à garantir le remboursement d'un prêt immobilier sont également déductibles, mais au titre des intérêts et frais d'emprunt (voir p. 164).

Les travaux d'entretien et de réparation

Ils sont déductibles quelle que soit l'affectation de l'immeuble dans lequel ils ont été réalisés : logement, local commercial, bureau… Sont concernés les travaux qui ont pour objet de maintenir ou de remettre l'immeuble en bon état, afin d'en permettre un usage normal, sans en modifier ni la consistance ni l'agencement ni l'équipement : remise en état du gros œuvre (réfection des toitures, ravalement…) ; réfection de l'installation électrique ; remplacement d'un ascenseur pour le rendre conforme aux normes de sécurité ; traitement des bois contre les parasites ; réalisation d'études et de diagnostics préalablement à la mise en location du bien (performance énergétique, état des risques technologiques…) ; remplacement d'éléments vétustes ou hors d'usage par des éléments de même nature (une chaudière, par exemple) ; modification d'une installation existante (telle une douche), si elle n'a pas pour effet de doter le bien d'un nouvel équipement.
En revanche, les dépenses d'entretien courant et les réparations locatives prises en charge par la SCI à la place du locataire ne sont déductibles que dans quelques cas particuliers. Par exemple, si elles sont nécessitées par la vétusté ou la force majeure (des travaux

de peinture après remise en état des conduits de fumée) ; si elles résultent d'un vice de construction ou d'une malfaçon ; si elles sont engagées avant l'installation du locataire en vue de faciliter la location (dès lors que les conditions de celle-ci sont normales, eu égard aux liens personnels ou familiaux des associés avec le locataire).

Les travaux d'amélioration

Le sort des dépenses d'amélioration dépend de l'affectation de l'immeuble dans lequel elles ont été réalisées.

Les dépenses d'amélioration effectuées dans un logement sont déductibles lorsqu'elles apportent un équipement ou un élément de confort nouveau ou mieux adapté aux conditions de la vie moderne, sans modifier ni le volume ni la surface habitable ni la structure de l'immeuble. Par exemple, l'installation d'un chauffage central, du tout-à-l'égout ou d'un dispositif de sécurité ; l'agrandissement des fenêtres ou la pose de volets ; l'installation d'équipements pour les personnes handicapées ; les travaux d'isolation thermique… Le fisc autorise aussi la déduction des améliorations effectuées dans un garage, si celui-ci constitue la dépendance immédiate d'une habitation louée. Sous cette condition, des travaux de transformation d'un

> **+** Les travaux de construction, de reconstruction et d'agrandissement **ne sont pas déductibles des revenus fonciers**, quel que soit l'usage du bien loué (habitation, local professionnel…).

Les modalités de déduction des travaux

Peuvent être déduits le coût des travaux proprement dit, ainsi que les dépenses annexes (les honoraires d'architecte, notamment). Seules les dépenses réellement payées sont déductibles, même s'il ne s'agit que d'acomptes ou d'arrhes, et même si les travaux n'ont pas encore été réalisés. La société doit pouvoir justifier de la réalité de ces dépenses. Les travaux réalisés sur un immeuble vacant sont déductibles uniquement s'ils sont engagés en vue de le relouer (travaux réalisés entre deux locations).

emplacement de stationnement en box fermé peuvent être déduits. **Pour les locaux non affectés à l'habitation,** les dépenses d'amélioration ne sont pas déductibles, en principe. Tel est le cas, par exemple, du remplacement des fenêtres d'un local commercial par de nouveaux châssis en aluminium à double vitrage. Par exception, les améliorations destinées à faciliter l'accessibilité des personnes handicapées peuvent être déduites : pose d'une rampe, de mains courantes ou d'un revêtement antidérapant au sol, élargissement des portes, suppression de marches, aménagement des pièces d'eau… Le fisc admet aussi la déduction des travaux d'enlèvement de l'amiante et de ceux destinés à assurer son innocuité. Dans une propriété rurale, seules quelques améliorations spécifiques peuvent être déduites, telles celles qui s'incorporent aux bâtiments d'exploitation et sont destinées à satisfaire aux obligations de protection de l'environnement.

Les indemnités d'éviction et de relogement

La somme versée au locataire en cas de résiliation ou de non- renouvellement de son bail est déductible, lorsqu'elle est engagée dans le but de percevoir ou de conserver un revenu foncier : indemnité d'éviction versée pour récupérer les locaux afin de les relouer dans des conditions plus avantageuses après travaux, par exemple. Les frais supportés pour reloger les locataires pendant la durée des travaux réalisés dans les locaux sont aussi déductibles, s'ils sont nécessaires pour continuer à louer le bien et si leur montant n'est pas disproportionné.

Les impôts et taxes

Sont déductibles les taxes foncières sur les propriétés bâties et non bâties, ainsi que certaines taxes annexes à la taxe foncière (la taxe spéciale d'équipement perçue notamment au profit d'établissements de la région Île-de-France, par exemple). En revanche, les impôts qui incombent au locataire ne peuvent être déduits : taxe d'habitation, taxe d'enlèvement des ordures ménagères, taxe de balayage… De même, ne sont pas déductibles la contribution économique territoriale (CET),

> + Les charges et les **dépenses récupérables** sur le locataire dont la société n'a pu obtenir le remboursement sont déductibles à son départ des lieux (pas en cours de bail). Seules celles non remboursées au 31 décembre de l'année du départ sont déductibles.

les taxes d'urbanisme et assimilées (taxe locale d'équipement, par exemple), l'impôt sur le revenu payé par les associés, la TVA acquittée sur les loyers, les droits de mutation (à titre gratuit ou onéreux).

Les provisions pour charges de copropriété

Si le bien loué est en copropriété, des provisions pour charges et, le cas échéant, des provisions pour travaux votés en assemblée générale, doivent être versées périodiquement par les copropriétaires. La régularisation intervient l'année suivante, lors de l'approbation des comptes, en fonction des dépenses réelles. La prise en compte des charges de copropriété s'effectue donc en deux temps : déduction des provisions versées au cours de l'année au syndic et régularisation des provisions déduites des revenus fonciers l'année précédente.

Les provisions versées par le propriétaire pour faire face à ces charges et travaux au cours de l'année d'imposition sont déductibles en totalité. En revanche, les provisions spéciales appelées par le syndic pour faire face aux travaux susceptibles d'être nécessaires dans les trois ans à venir, mais non encore décidés par l'assemblée générale, ne sont pas déductibles. La déduction interviendra au moment du paiement des travaux considérés par le syndic, et uniquement s'il s'agit de travaux déductibles fiscalement.

Par ailleurs, la SCI doit réintégrer dans son résultat imposable la part des provisions déduites l'année précédente qui a servi à payer des dépenses non déductibles des loyers (dépenses de construction de parties communes, par exemple) ou des charges récupérables sur le locataire (dépenses de chauffage ou d'éclairage des parties communes, par exemple). Le relevé individuel de charges remis au gérant de la SCI par le syndic après approbation des comptes de la copropriété en assemblée générale lui permet de déterminer la part des charges de copropriété de l'année précédente à réintégrer dans le résultat de l'année en cours.

Les intérêts et les frais d'emprunt

Lorsque la société a contracté un emprunt pour acquérir, construire, conserver, réparer ou améliorer un immeuble loué, les intérêts versés au prêteur chaque année sont déductibles (à l'exclusion du remboursement du capital). La SCI peut aussi déduire les intérêts d'un emprunt souscrit pour rembourser les parts d'un associé sortant,

Les intérêts rémunérant les avances en compte courant **sont déductibles du résultat de la SCI** lorsque les sommes servent à financer l'acquisition, la construction, la conservation, la réparation ou l'amélioration des immeubles loués.

dès lors qu'elle a été condamnée à les lui rembourser et que l'inexécution de la décision de justice exposerait la société et les associés restants au risque de la vente d'un bien *(CE. 9.6.2020, n° 426342)*. Certains frais d'emprunt peuvent aussi être déduits : frais de constitution de dossier ; commissions de la banque ou du courtier ; frais d'assurance emprunteur ; frais d'inscription hypothécaire… Les associés qui ont emprunté à titre personnel pour acquérir leurs parts, faire un apport à la société ou souscrire à une augmentation de capital, peuvent aussi déduire les intérêts qu'ils ont payés dans l'année de la part du résultat social leur revenant.

L'imposition des revenus fonciers des associés

Les associés d'une SCI de location soumise à l'impôt sur le revenu doivent déclarer dans la catégorie des revenus fonciers leur quote-part des recettes de la société. Ils doivent la reporter sur leur propre déclaration de revenus, diminuée éventuellement des charges qu'ils ont personnellement supportées dans l'année. Leurs obligations déclaratives et les modalités de prise en compte de leurs charges dépendent de leur régime d'imposition.

Lors de la **cession d'un immeuble par la SCI** ou de tout ou partie de ses parts sociales par un associé, le gain éventuellement réalisé relève du régime des plus-values immobilières réalisées par les particuliers.

Le régime microfoncier

Vous relevez de plein droit (automatiquement) du microfoncier pour l'imposition des revenus fonciers attachés à vos parts sociales si vous réunissez les trois conditions suivantes :

- vous n'avez pas perçu, au niveau de votre foyer fiscal, plus de 15 000 euros de loyers au cours de l'année civile. Pour apprécier cette limite, vous devez ajouter au montant des revenus annuels tirés de votre(vos) location(s) en direct, la quote-part des revenus bruts attachée à vos parts sociales (et non le montant net que vous avez perçu) ; vous ne devez donc pas déduire les charges supportées par la société, ni celles que vous avez supportées personnellement, le cas échéant ;
- vous êtes, par ailleurs, personnellement propriétaire d'au moins un immeuble donné en location non meublée ;
- les immeubles de la SCI et les vôtres ne bénéficient d'aucun régime locatif excluant l'application du microfoncier (Robien, Cosse, Borloo, Besson…) ; en revanche, un associé peut bénéficier du microfoncier s'il est par ailleurs personnellement propriétaire d'au moins un logement neuf loué dans le cadre des dispositifs Pinel, Denormandie, Duflot ou Scellier.

Vous devez déclarer directement sur votre déclaration de revenus n° 2042 la quote-part des recettes brutes de la SCI vous revenant, sans déduire les charges qu'elle ou vous avez supportées. Le fisc appliquera sur ce montant un abattement de 30 %. Vous ne serez donc imposé que sur 70 % des recettes déclarées. Si les charges (sociales ou personnelles) déductibles de vos revenus de parts sont supérieures à l'abattement de 30 %, vous avez peut-être intérêt à opter pour le régime réel d'imposition.

+ La déclaration des revenus fonciers remplie par l'associé d'une SCI permet de calculer son impôt définitif à **comparer au prélèvement à la source qu'il a supporté** l'année précédente. Elle permet aussi d'actualiser le montant de ses acomptes d'impôt et de prélèvements sociaux dus au titre de ses revenus fonciers.

Le régime réel d'imposition

Vous relevez automatiquement du régime réel si vous ne remplissez pas les conditions d'application du microfoncier, ou si, relevant du microfoncier, vous optez pour le régime réel. Vous devez alors calculer vous-même votre revenu foncier imposable. Toutefois, la SCI appliquant les mêmes règles d'imposition que les particuliers pour calculer son résultat net, elle a déjà déduit des loyers encaissés l'ensemble des frais et charges qu'elle a supportés dans l'année ainsi que, le cas échéant, les déductions spécifiques et les amortissements attachés aux dispositifs d'incitation à l'investissement locatif auxquels sont soumis certains biens loués. Vous ne devez donc pas déduire une seconde fois ces charges à votre niveau.

La déduction des charges personnelles

Vous pouvez déduire les dépenses que vous avez acquittées personnellement, en plus des charges déduites par la société, si vous êtes en mesure de les justifier. Il s'agit, principalement, des intérêts des emprunts que vous avez contractés pour acquérir vos parts sociales, faire un apport à la société ou souscrire à une augmentation de capital destinée à financer l'acquisition ou la construction d'un nouvel immeuble locatif. Vous pouvez aussi tenir compte des intérêts des dettes que vous avez contractées pour acquérir les parts d'un autre associé de la SCI, si cette acquisition vous permet d'accroître vos revenus fonciers.

Vous devez donc faire apparaître sur votre déclaration spécifique de revenus fonciers, d'une part, la fraction qui vous revient dans les revenus bruts perçus par la SCI dans l'année et, d'autre part, la fraction qui vous incombe dans les dépenses déductibles qu'elle ou vous avez supportées sur la même période. Vous devez indiquer à part les intérêts d'emprunt qu'elle ou vous avez supportés. Vous ne pouvez pas vous contenter de renseigner le montant net que la société vous a reversé.

Le taux des prélèvements sociaux dus sur les revenus fonciers est fixé à 17,2 % depuis janvier 2018. Comme l'impôt, les prélèvements sociaux sur les loyers **sont payés à la source** depuis janvier 2019.

La SCI a opté pour un dispositif d'investissement locatif

Les SCI qui ne sont pas soumises à l'impôt sur les sociétés ayant opté pour un dispositif d'incitation fiscale (Pinel, Duflot, Scellier, Cosse...) peuvent, comme les bailleurs particuliers, bénéficier de la réduction d'impôt, de l'amortissement ou de la déduction spécifique attaché à ces dispositifs. C'est à la société d'opter pour l'application du dispositif et de respecter les engagements qui en découlent. Par ailleurs, les associés doivent s'engager à conserver leurs parts pendant toute la durée couverte par l'engagement de location pris par la SCI. Lorsque l'avantage consiste en une déduction spécifique ou en un amortissement, c'est la société qui le déduit des loyers encaissés. Lorsqu'il consiste en une réduction d'impôt, ce sont les associés qui le déduisent de leurs impôts. Attention, si la société loue à un associé ou à un membre de son foyer fiscal, cet associé ne peut pas bénéficier de cet avantage.

L'imputation des déficits

Si les résultats de la société sont déficitaires (ses charges déductibles sont supérieures à ses recettes déclarées), ce déficit foncier est réparti entre les associés en proportion de leurs droits dans les bénéfices sociaux.

> **+** L'usufruitier de parts d'une SCI peut déduire de ses revenus fonciers **la quote-part correspondant à ses droits du déficit** constaté par la société, résultant de dépenses d'entretien et de réparation des immeubles *(CAA Bordeaux, 31.10.2019, n° 17BX03627).*

Vous pouvez imputer la quote-part de ce déficit vous revenant sur vos autres revenus fonciers. Le surplus éventuel peut être imputé sur votre revenu global, dans la limite de 10 700 euros (15 300 euros si une partie du déficit social provient d'un logement loué sous le dispositif Périssol ou Cosse ancien). Si le déficit dépasse 10 700 euros, l'excédent est reportable sur vos revenus fonciers des dix années suivantes. Et si le revenu global de votre foyer fiscal est insuffisant pour absorber la totalité du déficit foncier imputable, l'excédent constitue un déficit global, imputable sur votre revenu global des six années suivantes.

Attention, la partie du déficit générée par la déduction des intérêts d'emprunt payés par la société ou par les associés personnellement n'est pas imputable sur leur revenu global : elle ne peut être déduite que de leurs revenus fonciers des dix années suivantes. Retenez encore que l'imputation d'un déficit foncier sur le revenu imposable d'un associé ne lui est définitivement acquise que si la SCI continue de louer les biens déficitaires jusqu'à la fin de la troisième année suivant celle qui a généré le déficit. Il doit aussi conserver ses parts sociales pendant la même durée. À défaut, l'imputation est remise en cause. Ses revenus des années concernées sont alors recalculés par le fisc, en faisant abstraction des déficits déduits à tort, et il doit payer le supplément d'impôt correspondant. Toutefois, aucun redressement n'est encouru par l'associé qui cède ses parts par anticipation en raison d'une invalidité, d'un licenciement ou d'un décès (le touchant ou touchant son conjoint ou son partenaire de Pacs).

Les déclarations fiscales des associés

En tant qu'associé, vous devez intégrer la part des bénéfices sociaux vous revenant dans votre déclaration de revenus fonciers n° 2044, ou n° 2044 spéciale si l'un des immeubles relève de certains régimes spéciaux d'imposition. Vous devez ensuite reporter votre revenu foncier net imposable (ou votre déficit foncier reportable) sur votre déclaration d'ensemble des revenus n° 2042. Si vous n'avez pas encaissé d'autres revenus fonciers que ceux issus de vos parts, vous êtes toutefois dispensé de remplir une déclaration n° 2044 et vous pouvez indiquer votre résultat foncier net imposable directement sur votre déclaration n° 2042. Dans ce cas, précisez en annexe les coordonnées de la société ainsi que, le cas échéant, les intérêts de l'emprunt contracté pour acquérir vos parts. Attention, pour les logements de la SCI relevant du dispositif Pinel, Denormandie, Duflot ou Scellier, vous devez aussi remplir une déclaration complémentaire n° 2042 C, que vous releviez du régime microfoncier ou du régime réel d'imposition, afin de permettre au fisc de calculer votre réduction d'impôt.

> **+** Depuis 2019, la déclaration de revenus **doit être effectuée en ligne**, sauf cas exceptionnel (pas d'accès internet... *article 1649 quater B quinquies du CGI*).

L'imposition de la SCI à l'IS

Les associés ont la possibilité d'opter pour l'imposition de la SCI à l'impôt sur les sociétés (IS). Dans ce cas, la société s'acquitte directement de l'impôt dû sur ses bénéfices, et la quote-part de bénéfices revenant aux associés est imposée entre leurs mains dans la catégorie des revenus de capitaux mobiliers. La SCI peut aussi être soumise obligatoirement à l'IS, lorsqu'elle exerce une activité assimilée à une activité commerciale (voir l'encadré p. 172). A contrario, une SCI qui n'exerce pas d'activité commerciale et qui n'a pas opté pour l'IS n'est pas soumise à cet impôt ; elle relève de plein droit de l'impôt sur le revenu *(CAA Versailles, 25.7.2019, n° 17VE02294).*

La SCI opte pour l'impôt sur les sociétés

L'option pour l'IS est exercée dans les statuts ou par une décision unanime des associés. La décision doit être notifiée à l'administration fiscale dans les trois mois qui suivent la fin de l'exercice au titre duquel l'option est exercée. Il est préférable d'appliquer cette option en début d'activité, celle-ci ayant pour effet d'entraîner l'imposition des plus-values et des bénéfices non encore taxés. Notez qu'il est désormais possible de renoncer à l'option pour l'IS jusqu'à la fin du mois précédant la date de versement du premier acompte d'impôt sur les sociétés du cinquième exercice suivant celui au titre duquel l'option a été exercée *(article 239, 1, al. 3 du Code général des impôts)*. Toutefois, s'agissant des SCI, cette souplesse peut s'avérer illusoire en raison des importants coûts fiscaux qu'elle engendre (la renonciation étant assimilée à une cessation d'entreprise).

L'intérêt de l'option pour l'IS

L'option pour l'IS permet aux associés de ne s'acquitter de l'impôt sur le revenu que sur les sommes qui leur sont effectivement versées par la société. Les bénéfices non distribués par la SCI ne sont pas imposés (ils ne le sont qu'au moment de leur distribution). Alors que, lorsque la société relève de l'impôt sur le revenu, les sommes sont imposées entre les mains des associés, même si elles ne leur sont pas distribuées.

Les SCI soumises à l'IS doivent payer **la contribution sur les revenus locatifs**. Il en va de même pour celles soumises à l'impôt sur le revenu, si l'un des associés est assujetti à l'IS.

L'option pour l'IS permet de déduire du résultat fiscal de la société des charges qui ne sont pas déductibles lorsque les loyers sont imposés au titre des revenus fonciers : amortissement du prix d'achat des immeubles et du coût des travaux d'agrandissement et de reconstruction. En plus des charges qu'elle supporte effectivement, la société peut ainsi déduire, chaque année, de son résultat, une charge qu'elle n'a pas déboursée et qui est censée correspondre à la dépréciation des constructions qu'elle détient (en revanche, la valeur correspondant au terrain ne peut pas être amortie). L'option pour l'IS présente d'autres avantages : les déficits constatés au cours d'une année peuvent être reportés sans limitation de durée sur les résultats des années suivantes. Au titre de l'impôt sur la fortune immobilière (IFI), l'absence de distribution du résultat par la société peut permettre à l'associé de bénéficier du plafonnement de cet impôt (voir toutefois, en sens contraire, *C. cass., com., 28.3.2019, n° 17.23671)*. Le taux de l'IS (15 %, 28 % ou 31 % pour les exercices ouverts en 2020) est plus faible que le taux d'IR (cumulé aux 17,2 %

La location meublée entraîne généralement l'assujettissement à l'IS

La SCI est obligatoirement soumise à l'IS lorsqu'elle se livre à l'activité de loueur en meublé (y compris pour les locaux commerciaux loués avec les équipements nécessaires à l'exercice de l'activité), le fisc assimilant cette activité, civile par nature, à une activité commerciale. L'ensemble des activités de la SCI sont alors considérées comme commerciales. Si la société loue plusieurs logements, l'IS s'applique obligatoirement dès lors que l'un d'entre eux est loué meublé. Il existe cependant une tolérance administrative lorsque l'activité commerciale est accessoire, c'est-à-dire lorsqu'elle n'excède pas 10 % des recettes totales hors taxes de la SCI. Dans ce cas, la SCI peut rester soumise à l'impôt sur le revenu.

de prélèvements sociaux) des associés de la SCI soumise à l'impôt sur le revenu.
À l'inverse, l'option pour l'IS alourdit considérablement les obligations comptables de la SCI. Cette dernière est tenue aux mêmes obligations comptables qu'une société commerciale : bilan, compte de résultat et annexes, ce qui nécessite d'avoir recours à un expert-comptable. Autre inconvénient, cette option la prive du bénéfice des dispositifs spéciaux prévus en faveur de l'investissement locatif. De plus, en cas de mise à disposition gratuite d'un immeuble au profit d'un associé, la société est imposée sur le loyer « théorique » qu'elle pourrait percevoir si elle louait l'immeuble.
Autre inconvénient, lorsqu'il est appréhendé par les associés, le résultat de la société à l'IS est soumis à une taxation supplémentaire en tant que revenus de capitaux mobiliers («flat tax» de 30 %, ou barème de l'impôt après abattement de 40 %, plus 17,2 % de prélèvements sociaux), alors que la SCI à l'impôt sur le revenu ne connait pas de double taxation. Par ailleurs, en cas de revente d'un immeuble de la société, la plus-value taxable à l'IS est calculée sur la différence entre le prix de cession et la valeur nette comptable du bien, cette dernière intégrant les amortissements. Cette plus-value n'est minorée par aucun abattement pour durée de détention, contrairement aux plus-values imposables entre les mains des associés d'une SCI soumise à l'IR.

Les obligations déclaratives

Les SCI soumises à l'IS doivent déclarer leur résultat imposable en remplissant la déclaration n° 2065 et ses annexes, à déposer dans les trois mois de la clôture de l'exercice (ou, si aucun exercice n'est clôturé au cours de l'année, au plus tard le deuxième jour ouvré suivant le 1er mai de l'année suivante) au service des impôts dont dépend la SCI.

Les modalités d'imposition

Les bénéfices réalisés sont d'abord imposés au niveau de la SCI au titre de l'IS. Puis, les associés paient l'impôt sur le revenu sur les sommes qui leur sont effectivement distribuées par la société.

L'imposition de la société

Le taux normal de l'IS applicable sur le bénéfice imposable est, pour les exercices ouverts en 2020, fixé à 28 %. Toutefois, pour les sociétés dont le chiffre d'affaires est au moins égal à 250 millions d'euros, le taux de 28 % ne s'applique que sur la fraction de bénéfices inférieure ou égale à 500 000 euros, la fraction excédentaire étant taxée à 31 %. Ces taux seront abaissés progressivement chaque année pour atteindre 25 % du bénéfice (quel qu'en soit le montant) à partir de 2022. Cependant, un taux réduit d'imposition fixé à 15 % s'applique, dans la limite de 38 120 euros de bénéfices, dès lors que le capital social a été entièrement libéré et que la SCI réalise un chiffre d'affaires annuel qui ne dépasse pas 7 630 000 euros *(article 219, I-b du Code général des impôts)*. Ce taux réduit devrait être étendu aux SCI réalisant jusqu'à 10 millions d'euros de chiffre d'affaires, dans la limite de 50 000 euros de bénéfices, pour les exercices ouverts à compter du 1er janvier 2021 *(article 3 nonies du projet de loi de finances pour 2021)*.

L'imposition des associés

Les associés sont imposés sur le revenu sur les sommes qui leur sont distribuées par la société (les dividendes), dans la catégorie des revenus de capitaux mobiliers. Les dividendes des associés sont soumis au prélèvement forfaitaire unique (PFU) de 30 %. Le PFU englobe l'impôt sur le revenu au taux de 12,8 % et les prélèvements sociaux à 17,2 %. Cette « flat tax » s'applique à la plupart des revenus financiers perçus depuis le 1er janvier 2018. Elle est prélevée à la source sur les revenus au moment de leur encaissement. Les 30 % sont calculés sur le montant brut des revenus financiers sans possibilité de déduction des frais financiers ou de l'abattement de 40 % sur les dividendes et revenus assimilés. Cependant, chaque année, l'associé peut choisir de soumettre ses revenus financiers au barème progressif de l'impôt sur le revenu plutôt qu'au PFU. Cette option lui permet d'être imposé sur ses revenus financiers nets, et non sur leur montant brut. Il peut alors déduire l'abattement forfaitaire de 40 % sur ses dividendes et revenus assimilés. Pour plus de précisions, voir notre *Guide de la déclaration de revenus*, paraissant chaque année en janvier.

SORTIR DE LA SCI

Un associé cède ses parts

Un associé peut céder tout ou partie de ses parts de SCI s'il souhaite récupérer les sommes qu'il a investies. Dans une SCI familiale, toutefois, sa liberté de vendre peut être limitée si les statuts comportent une clause d'agrément, car l'entrée d'un nouvel associé dans le capital est alors soumise à l'autorisation préalable des autres associés.

L'agrément des autres associés

La procédure d'agrément consiste, pour le vendeur, à recueillir l'accord des autres associés pour l'entrée de l'acquéreur potentiel des parts dans le capital de la SCI. En principe, l'agrément suppose l'accord unanime de tous les associés. Mais les statuts peuvent prévoir des conditions de majorité plus souples ou encore déléguer au gérant de la SCI le pouvoir d'agréer les cessions. Ils peuvent aussi dispenser d'agrément les cessions de parts consenties à des associés ou au conjoint du cédant ou, au contraire, soumettre à cette procédure celles consenties aux ascendants ou descendants du cédant alors que la loi les en dispense *(article 1861 du Code civil).*

Le projet de cession des parts

L'associé qui souhaite céder ses parts à l'acquéreur de son choix doit notifier son projet de cession avec demande d'agrément à la société et à chacun des associés. La notification s'effectue par lettre recommandée avec avis de réception ou par acte d'huissier (*articles 1861 du Code civil et 49 du décret n° 78-704 du 3.7.1978* ; voir le modèle p. 206). Si les statuts prévoient que l'agrément relève du seul pouvoir du gérant, le projet de cession avec demande d'agrément est notifié uniquement à la société. Outre l'identité de l'acheteur, l'acte doit indiquer le nombre de parts dont la vente est envisagée et le prix de vente.

> **+** Lorsque les statuts prévoient que **l'agrément peut être accordé par le gérant**, celui-ci doit, s'il le refuse, aviser au préalable les associés du projet de cession par lettre recommandée avec accusé de réception.

La décision des autres associés

Les associés doivent prendre position sur la demande d'agrément dans les formes prévues par les statuts (en assemblée générale ou par consultation écrite). En cas de refus, ils doivent racheter les parts du cédant. Plusieurs associés peuvent alors se porter acquéreurs des parts mises en vente, dans des proportions définies par convention, ou chacun à hauteur de ses droits dans la SCI. Si aucun ne se manifeste, ils peuvent décider de les faire acquérir par un tiers dans les conditions prévues par les statuts. La société peut également procéder au rachat des parts pour les annuler : c'est la procédure de retrait (voir p. 183).

La décision des associés doit être notifiée au cédant en recommandé. Elle doit préciser le nom du ou des acquéreurs proposés (associés ou tiers) ou l'offre de rachat par la société, ainsi que le prix offert. Si aucune offre d'achat n'est parvenue au vendeur dans les six mois qui suivent la notification du projet, la société est réputée agréer la cession. Dans ce même délai, les associés peuvent aussi décider de dissoudre la société de manière anticipée (cas rare en pratique).

> **+** Le délai de six mois dont disposent les associés pour se prononcer sur l'agrément et pour décider la dissolution anticipée de la SCI **peut être modifié dans les statuts**, sans pouvoir être supérieur à un an ni inférieur à un mois.

De son côté, le cédant peut renoncer à son projet, si le prix proposé par les associés (ou l'acquéreur qu'ils ont choisi) pour le rachat des parts est jugé insuffisant, ou pour éviter la dissolution de la société. Dans ce dernier cas, le cédant a un mois pour renoncer à la vente de ses parts, à compter de la décision de dissoudre.

La détermination du prix de vente

Les associés doivent s'entendre sur le prix de cession des parts. À défaut d'accord, le prix est déterminé par un expert désigné ensemble, ou par ordonnance du président du tribunal, statuant selon la procédure accélérée au fond et sans recours possible *(articles 1843-4 et 1862 du Code civil)*. Les associés sont libres de choisir la méthode d'évaluation du prix des parts. Ce prix doit être déterminé dans l'acte ou pouvoir être défini à partir de critères objectifs.

En principe, les associés utilisent la valeur comptable des parts, calculée en fonction de l'actif net de la société (montant de l'actif brut diminué des dettes de la société à l'égard des tiers), divisé par le nombre total de parts. Cette valeur est généralement corrigée selon le nombre de parts cédées. Ainsi, pour la vente d'une participation minoritaire n'offrant que peu d'intérêt, la valeur des parts peut être minorée de 5 % à 20 %. Au contraire, si la participation cédée est importante, conférant ainsi un réel pouvoir décisionnaire dans les assemblées générales, la valeur retenue peut être supérieure à la valeur comptable.

La réalisation de la cession

La cession des parts sociales doit être constatée par écrit *(article 1865 du Code civil)*. Il peut s'agir d'un acte sous seing privé ou notarié. Dans le premier cas, il faut établir au moins cinq exemplaires originaux : un pour le vendeur, un pour l'acquéreur, un pour l'enregistrement, un pour le dépôt au greffe *(article 52 du décret du 3.7.1978)*, plus un dernier pour la signification à la société, si les statuts ne prévoient pas un transfert sur le registre des associés.

La publicité de la cession

L'acte de cession doit être signifié à la société par l'intermédiaire d'un huissier ou être accepté par le gérant dans un acte notarié. Les statuts peuvent prévoir de remplacer ces formalités par une mention portée sur le registre des associés *(article 51 du décret du 3.7.1978)*. Ce document recense tous les renseignements relatifs aux associés (un feuillet par associé).

La cession est opposable aux tiers, notamment aux créanciers du vendeur, après l'accomplissement des formalités envers la société (décrites plus haut) et la publication de la cession en annexe au registre du commerce et des sociétés *(article 1865 du Code civil)*. Pour cela, il faut déposer l'original de l'acte de cession, s'il est sous seing privé, ou une copie authentique de celui-ci, s'il est notarié. Afin de faciliter cette formalité, l'acte de cession peut aussi, depuis le 21.7.2019, être déposé par voie électronique. Notez qu'il n'est pas nécessaire de mentionner la cession et le changement dans un journal d'annonces légales.

Par ailleurs, sauf si les statuts le prévoient, il n'est pas nécessaire de modifier les dispositions des statuts mentionnant la répartition des parts entre les associés pour tenir compte de la cession *(article 33 du décret du 3.7.1978)*. Il semble cependant que cette règle ne vaut que pour les cessions de parts entre associés. Lorsque la cession entraîne l'arrivée d'un nouvel associé (ou la sortie), il faut modifier les statuts et faire une déclaration modificative au registre du commerce et des sociétés *(article R. 123-54 du Code de commerce)*.

La transmission des parts à titre gratuit

Une SCI constitue un excellent outil de transmission d'un patrimoine d'une génération à l'autre. La liberté de donner ses parts sociales à ses enfants, associés ou non, est totale. Les statuts peuvent certes prévoir un agrément, mais c'est rarement le cas lorsque la société est constituée uniquement entre parents et enfants. À l'inverse, les statuts peuvent dispenser d'agrément les donations consenties aux associés ou à leurs conjoints, alors qu'ils y sont normalement tenus. Par ailleurs, le décès d'un associé ne met pas fin à la société. Ses parts sont transmises à ses héritiers et non aux autres associés. Les statuts peuvent alors aménager l'entrée des héritiers dans la société, en prévoyant un agrément. Mais, en pratique, les enfants ou le conjoint du défunt en sont généralement dispensés. Les statuts peuvent aussi prévoir que le décès d'un associé entraînera la dissolution de la société ou que celle-ci se poursuivra avec les seuls associés survivants.

Les effets de la cession

L'acquéreur des parts sociales devient associé dès que la cession a été agréée par la société et il peut exercer toutes les prérogatives attachées à cette qualité. Il est cependant souhaitable que l'acte de cession règle les conséquences de la vente vis-à-vis de la société. Ainsi, lorsque le vendeur a une dette envers la société (il n'a pas entièrement libéré son apport, par exemple), il reste redevable personnellement de cette somme. L'acte de cession peut prévoir que cette dette est reprise par l'acquéreur. La société doit alors accepter cette substitution de débiteur.

Concernant la répartition des bénéfices réalisés par la SCI l'année de la cession, l'acquéreur a droit aux dividendes distribués après la vente, même s'ils se rapportent à des exercices clos avant cette date. Pour que le vendeur puisse exiger sa quote-part des bénéfices distribués après son départ, il faut qu'une telle répartition soit prévue dans les statuts ou par une décision prise en assemblée générale. L'acte de cession peut aussi prévoir une clause de répartition différente (en fonction de la durée de détention respective des parts pendant l'exercice, par exemple).

Le vendeur reste tenu de payer les dettes de la SCI devenues exigibles avant la publication de la vente, en proportion de la participation qu'il a cédée. L'acquéreur n'est responsable que des dettes sociales échues après la cession. Les parties peuvent cependant convenir dans l'acte d'un autre mode de répartition des dettes sociales, mais cet accord n'aura d'effet qu'entre elles et n'est pas opposable aux tiers.

Enfin, le vendeur peut demander le remboursement de son compte courant. Mais l'acte de cession peut aussi prévoir que le solde créditeur du compte sera transféré à l'acquéreur. Dans ce cas, il est recommandé de ventiler le prix des parts et du compte courant, afin que ce dernier ne soit soumis ni aux droits d'enregistrement ni à l'impôt sur la plus-value de cession des parts. La cession du solde créditeur du compte courant est passible du seul droit fixe de 125 euros *(article 680 du Code général des impôts)*, mais il n'est pas dû si cette cession est concomitante et indissociable de la cession de droits sociaux.

Les droits d'enregistrement

L'acte de cession doit être enregistré dans le délai d'un mois à compter de sa signature. La déclaration s'effectue auprès de la recette des impôts du domicile du vendeur ou de l'acquéreur ou, lorsque l'acte est notarié, celle dont relève le notaire *(article 635, 2, 7° du Code général des impôts)*. L'enregistrement donne lieu au paiement d'un droit de 5 %, à la charge de l'acquéreur *(article 726, I, 2° du Code général des impôts)*. Il est calculé sur le prix de cession indiqué dans l'acte, majoré des charges qui pèsent normalement sur le vendeur et qui ont été mises par convention à la charge de l'acquéreur (la libération des apports, par exemple), ou sur une estimation des parties si la valeur réelle est supérieure au prix augmenté des charges. Si le prix indiqué dans l'acte est inférieur à la valeur réelle des parts, le fisc peut recalculer le droit de 5 % sur cette valeur réelle.

> **+** Les règles spécifiques de répartition des bénéfices sociaux prévues dans l'acte de cession **ne sont opposables au fisc** que si elles sont mentionnées dans les statuts de la SCI.

Attention, si l'associé cède ses parts sociales dans les trois ans qui suivent l'apport d'un bien en nature à une SCI relevant de l'impôt sur le revenu, la cession est considérée comme ayant pour objet le bien lui-même *(article 727, I du Code général des impôts)*. Concrètement, si l'apport avait pour objet un immeuble de plus de cinq ans, la cession est soumise au régime fiscal de la vente d'immeuble, soit une taxation à 5,80 % dans la plupart des départements.

L'imposition de la plus-value

La vente de parts sociales de SCI entraîne l'imposition de la plus-value éventuellement réalisée par le vendeur. Lorsque la société relève de l'impôt sur le revenu, la vente est soumise au régime des plus-values immobilières des particuliers, dès lors que l'actif de la SCI est composé pour plus de la moitié d'immeubles, ce qui est généralement le cas (on parle alors de société à prépondérance immobilière ; *article 150 UB, I du Code général des impôts*).

Les règles de taxation suivent sensiblement le même régime d'imposition qu'en cas de vente directe d'un bien immobilier. La plus-value réalisée à l'occasion de la vente de parts sociales est exonérée lorsque l'associé vendeur se trouve dans l'un des deux cas suivants :

- il détient ses parts dans la SCI depuis plus de vingt-deux ans (trente ans pour les prélèvements sociaux ; voir p. 105) ;
- il occupe gratuitement l'immeuble social à titre de résidence principale.

En revanche, les autres cas d'exonération ne s'appliquent pas lors d'une vente de parts sociales (notamment les cessions ne dépassant pas 15 000 euros, et les cessions réalisées par un retraité aux revenus modestes - *CAA Douai, 1.7.2019, n° 18DA00710*).

La plus-value est égale à la différence entre la valeur des titres au jour de la vente et la valeur de l'apport consenti pour les acquérir. Le prix d'acquisition peut être majoré des frais d'acquisition des parts. Le montant de la plus-value imposable est soumis à une imposition forfaitaire de 36,2 %. S'y ajoute une surtaxe (de 2 % à 6 %) pour les plus-values excédant 50 000 euros.

> **+** La dissolution d'une SCI peut **dégager une plus-value imposable au nom de chaque associé**, au prorata de ses droits sociaux. Elle est égale à la différence entre la valeur des biens à cette date et leur prix d'acquisition par la société, leur valeur d'apport ou leur valeur lors de l'acquisition de leurs parts par les associés.

Attention, la plus-value réalisée lors de la cession de parts d'une société soumise à l'impôt sur le revenu doit être calculée en ajustant le prix de revient des parts afin d'éviter que la cession ne se traduise par une double imposition ou une double déduction des résultats précédemment pris en compte par le cédant *(CE, 16.2.2000, n° 133296 8.11.2017, n° 389990)*. Autrement dit, le prix de revient des parts doit être majoré des bénéfices et plus-values précédemment imposés au nom de l'associé cédant et des pertes antérieures comblées par celui-ci, puis minoré des déficits et moins-values qu'il a effectivement déduits et des bénéfices ayant donné lieu à une répartition à son profit.

Par ailleurs, si une SCI relève de l'impôt sur les sociétés, ses associés ne peuvent pas bénéficier des abattements applicables aux plus-values immobilières réalisées par les particuliers lorsqu'ils cèdent leurs parts sociales *(CAA Marseille, 11/07/2019, n° 17MA03135)*.

Le retrait d'un associé de la SCI

La loi reconnaît aux associés le droit de se retirer totalement ou partiellement de la société, contre remboursement de leurs parts sociales *(article 1869 du Code civil)*.

Les conditions du retrait

La possibilité de retrait permet à un associé de ne pas rester prisonnier de la SCI lorsque, ayant notifié son projet de vendre ses parts à la société, il n'a pu recueillir l'agrément des autres associés. La SCI peut alors faire elle-même le rachat et réduire son capital social afin d'annuler ces parts.

Les clauses statutaires

À défaut de mention particulière dans les statuts, le retrait est subordonné à l'accord unanime des autres associés *(article 1869 du Code civil)*. En pratique, les statuts assouplissent souvent la condition de majorité requise en prévoyant, par exemple, que l'accord peut être donné à la majorité des autres associés, voire que le retrait n'est soumis à aucune autorisation de la société. Les statuts peuvent aussi subordonner le droit de retrait à une certaine ancienneté de l'associé dans la SCI, ou au remboursement complet par la société des emprunts qu'elle aurait souscrits. De telles clauses ne doivent pas avoir pour effet de priver, de fait, l'associé de son droit de retrait (en imposant une condition d'ancienneté trop longue, par exemple).

L'autorisation judiciaire de retrait

Si l'associé qui souhaite se retirer de la société se heurte à un refus des autres, il peut demander une autorisation au tribunal judiciaire. L'associé sortant doit, pour cela, faire état de « justes motifs », liés à sa situation personnelle, par exemple. Le retrait d'un associé majoritaire en raison des faibles bénéfices distribués par la SCI, ne lui permettant pas d'assurer sa subsistance, a ainsi été jugé

Un délai de préavis peut être **imposé par les statuts à l'associé qui se retire**, afin de permettre aux autres associés de réunir les fonds nécessaires au remboursement de ses parts sociales.

légitime *(C. cass., civ. 1re, 27.2.1985, n° 83-14069)*. De même, le changement de résidence d'un associé constitue un motif recevable de retrait, si cet événement l'empêche de bénéficier des services de la société *(CA Nancy, 27.9.1989)*. Une mésentente grave entre associés peut également constituer un juste motif de retrait, ou encore le divorce entre deux associés, s'il s'agit d'une SCI familiale, les liens d'affection entre ceux qui la créent étant dans ce cas déterminants *(C. cass., civ. 3e, 11.2.2014, n° 13-11197)*.

Les modalités du retrait

L'associé qui se retire de la SCI doit se faire rembourser la valeur de ses parts sociales. Ses parts sont annulées, ce qui aboutit à une réduction du capital de la SCI. Mais les statuts peuvent prévoir leur rachat par les autres associés ou par un tiers. Comme lors d'une vente de parts, le retrait d'un associé doit faire l'objet d'une mesure de publicité.

En principe, l'évaluation des parts se fait d'un commun accord entre la société et l'associé sortant. En cas de désaccord, elle peut être fixée par un expert désigné par les associés (expert judiciaire, expert-comptable ou commissaire aux comptes ; *article 1869 du Code civil*). S'ils n'arrivent pas à s'entendre sur le choix de l'expert, celui-ci est désigné par le tribunal judiciaire, statuant selon la procédure accélérée au fond. Sauf disposition différente des statuts, la valeur des parts s'apprécie à la date la plus proche possible du remboursement *(C. cass., civ. 1re, 11.2.2003, n° 01-13418)*.

L'associé qui se retire de la SCI (de gré ou de force) a aussi droit au **remboursement du solde créditeur** de son compte courant.

Le remboursement s'effectue en principe en argent, mais il est possible de prévoir la restitution à l'associé sortant du bien qu'il a apporté, ou d'un autre bien figurant à l'actif de la société. L'associé lui-même peut demander la restitution des biens qu'il a apportés, plutôt que le remboursement de la valeur de ses parts, s'ils sont toujours dans le patrimoine de la société. Il doit alors verser une soulte (une somme d'argent) si la valeur des biens repris excède celle de ses droits sociaux annulés *(articles 1869 et 1844-9 du Code civil ; C. cass., civ. 3e, 12.5.2010, n° 09-14747).*

La fiscalité du retrait

Selon le fisc, le retrait d'un associé reprenant un bien en nature entraîne les conséquences d'une dissolution partielle de la société et d'un partage. Il rend donc exigible le paiement de l'impôt sur les plus-values, si elles existent, et d'un droit de partage.

Les droits d'enregistrement

En principe, le retrait se traduit par une réduction du capital de la société. L'associé sortant obtient le remboursement de ses parts sociales (en numéraire ou en nature). Cette opération est enregistrée gratuitement depuis le 1er janvier 2019 ; les droits d'enregistrement fixes de 375 euros et de 500 euros en vigueur antérieurement

Le retrait forcé d'un associé

Un associé peut être contraint de se retirer de la SCI en raison d'une clause d'exclusion figurant dans les statuts. Son retrait forcé est par ailleurs automatique s'il est en faillite personnelle, en redressement ou en liquidation judiciaires *(article 1860 du Code civil)*. La perte de la qualité d'associé intervient lors du remboursement de ses droits sociaux. L'efficacité d'une clause d'exclusion dépend du soin apporté à sa rédaction dans les statuts. Il est notamment conseillé de préciser les motifs d'exclusion (un associé ne répond pas aux appels de fonds, par exemple), la procédure à suivre (organe habilité à prononcer l'exclusion, modalités d'information de l'associé, possibilités de se défendre...) et les conditions de remboursement des parts (mode d'évaluation, rachat par la société, par les associés ou par un tiers).

sont supprimés *(article 814 C, 1° du Code général des impôts)*. Lorsque l'associé qui se retire reprend les biens qu'il avait apportés à la société (bien immobilier, fonds de commerce…), aucun droit de partage n'est dû *(BOI-ENR-AVS-30-20-20, § 70)*.
Si l'opération concerne un bien immobilier, l'acte doit être notarié et publié au service de la publicité foncière, moyennant le versement de la taxe de publicité foncière (0,715 % de la valeur du bien) et de la contribution de sécurité immobilière (0,10 % de la valeur du bien). Si l'associé reçoit des biens autres que ces apports, l'opération est soumise au droit de vente, soit 5,80 % dans la plupart des départements pour un bien immobilier de plus de cinq ans.

L'impôt sur la plus-value

Pour une société soumise à l'impôt sur le revenu, le retrait d'un associé qui se voit attribuer un bien immobilier entraîne l'imposition de la plus-value. Elle relève du régime des plus-values immobilières, comme si la société avait elle-même cédé l'immeuble à l'ex-associé. L'imposition est en principe supportée par l'ensemble des associés. En revanche, lorsque l'associé reçoit une compensation financière, le retrait n'entraîne pas de plus-value imposable. Toutefois, si le retrait contraint les autres associés à vendre l'immeuble afin de lui rembourser ses parts, cette vente génère une plus-value taxable, dont la charge est supportée par tous les associés. Les statuts peuvent cependant prévoir que seul l'associé sortant devra acquitter l'impôt sur la plus-value.

La dissolution de la société

La dissolution met fin à la société et engendre sa liquidation. Les dettes doivent être remboursées et les associés se partager les biens qui appartenaient à la SCI. Ce sont généralement eux qui prennent cette décision, mais certains événements entraînent une dissolution automatique. Un liquidateur doit être désigné pour accomplir les formalités de liquidation (vente des biens, paiement des créanciers, partage de l'actif entre les associés…).

Les motifs de dissolution

L'article 1844-7 du Code civil énumère les différentes causes de dissolution d'une SCI. Mais d'autres motifs peuvent aussi être prévus dans les statuts.

Les cas de dissolution automatique

La société prend fin au terme de la durée fixée par les statuts. Les associés peuvent cependant décider de sa prorogation, soit par une décision unanime, soit, si les statuts le prévoient, à la majorité prévue pour toute modification statutaire. Le gérant doit consulter les associés au moins un an avant la date d'expiration, pour leur demander s'ils souhaitent proroger ou non la société *(article 1844-6 du Code civil)*.

> **+** Les statuts peuvent prévoir **d'autres causes de dissolution automatique** de la SCI. Par exemple, la révocation de son gérant, ou le décès du parent survivant dans une SCI constituée entre parents et enfants.

La réalisation ou l'extinction de l'objet social est une autre cause classique de dissolution. Par exemple, une SCI dont le but est de gérer un bien immobilier n'a plus d'objet si le bien est vendu. Les associés peuvent alors modifier les statuts et déterminer un nouvel objet social ou procéder à la liquidation de la société.

La dissolution volontaire

Les associés peuvent mettre fin à tout moment au contrat de société. Ils doivent pour cela simplement respecter les règles de forme prévues par la loi et les statuts de la SCI. La décision de dissoudre la

société de manière anticipée est prise à l'unanimité des associés ou aux conditions de majorité prévues par les statuts. Dans la même décision, la société doit nommer un liquidateur, qui peut être le gérant de la SCI ou un associé.
La décision de dissoudre la société est souvent la solution la plus sage en cas de mésentente entre les associés. Mais si les désaccords entre eux sont tels qu'aucune décision, même celle de se séparer, ne peut être prise, tout associé peut saisir le tribunal et demander la dissolution judiciaire de la société.

La dissolution judiciaire

À la demande d'un associé, le tribunal peut prononcer la dissolution de la société pour « justes motifs ». Ce peut être le cas, notamment, si l'un des associés ne respecte pas ses obligations ou si la mésentente entre les associés est telle qu'elle paralyse le fonctionnement de la société *(C. cass., civ. 3e, 16.3.2001, n° 10-15459 ; CA Amiens du 4.10.2018, n° 16.06116)*. La dissolution peut être demandée y compris par l'associé à l'origine de la mésentente *(C. cass., com., 16.9.2014, n° 13.20083)*. La dissolution a également été

La réunion des parts entre les mains d'un seul associé

Il peut arriver, à la suite de rachats de parts ou du retrait d'associés, qu'un associé détienne l'intégralité des parts de la SCI. Dans ce cas, la dissolution de la société n'est pas automatique *(article 1844-5 du Code civil)* : l'associé unique a un an pour régulariser la situation en trouvant un nouvel associé. Il peut aussi décider de dissoudre la société par déclaration au greffe du tribunal de commerce. Le tribunal est également habilité à prononcer la dissolution anticipée de la SCI à la demande d'un tiers ayant un intérêt à agir, lorsque l'associé n'a pas régularisé la situation dans le délai d'un an. Toutefois, il accorde parfois un délai supplémentaire de six mois maximum à l'associé unique pour la régularisation.
Notez que l'appartenance de l'usufruit de toutes les parts sociales à la même personne est sans conséquence sur l'existence de la société.

prononcée pour une SCI dont l'un des deux associés, largement majoritaire, administrait la société comme une entreprise strictement personnelle, sans respecter les règles relatives aux assemblées et à l'information des associés *(CA Versailles, 18.5.1995, n° 286)*. La dissolution peut aussi résulter d'un jugement ordonnant la liquidation judiciaire de la SCI, en faillite. Enfin, l'annulation du contrat de société prononcée par un juge entraîne la disparition de la société. Cette sanction s'applique aux fautes les plus graves, lorsque le consentement d'un associé a été obtenu par fraude ou violence, ou lorsque l'objet de la société est illicite.

> Le décès d'un associé de SCI nécessite de déposer au greffe du tribunal **un exemplaire des statuts mis à jour**, accompagné de la décision constatant la poursuite de la société, et de modifier la liste des associés inscrits aux RCS *(Avis CCRCS n° 2019-002 du 15.10.2019)*.

Les opérations de liquidation

La dissolution de la société entraîne sa liquidation *(article 1844-8 du Code civil)*. Un liquidateur (ou plusieurs) doit être désigné dans l'acte constatant ou décidant la dissolution, chargé des opérations de liquidation.

La nomination du liquidateur

La liquidation met fin aux fonctions du gérant, qui est remplacé par un liquidateur. Il peut d'ailleurs s'agir de l'ancien gérant. Le liquidateur peut être choisi, ou non, parmi les associés. Sa désignation résulte d'une décision unanime des associés, sauf disposition contraire des statuts. À défaut d'accord, il est désigné par le président du tribunal judiciaire. Les statuts peuvent aussi prévoir, dès l'origine, qui sera chargé de ces opérations (souvent le gérant en exercice).

L'enregistrement de l'acte de dissolution

Le liquidateur doit faire enregistrer l'acte constatant la dissolution dans le délai d'un mois. L'enregistrement est effectué à la recette des impôts du domicile de l'un des associés, ou du lieu de résidence du notaire lorsque l'acte est notarié. Si la dissolution n'entraîne aucune transmission de biens meubles ou immeubles entre les associés ou d'autres personnes, l'acte est gratuit depuis le 1er janvier 2019 (les droits fixes de 375 euros et de 500 euros en vigueur antérieurement sont supprimés). Dans le cas contraire, voir p. 191.

Les formalités de publicité

Pour que les tiers soient informés de la dissolution de la SCI, un avis de dissolution doit être publié dans un journal d'annonces légales *(article 27 du décret du 3.7.1978)*. L'avis indique notamment les coordonnées du liquidateur nommé par les associés, ce qui permet aux créanciers éventuels de faire valoir leurs droits. Mais ces derniers ne peuvent pas exiger des associés qu'ils payent directement les sommes qui leur sont dues.

Le liquidateur doit aussi déposer au tribunal de commerce une demande d'inscription modificative pour que la dissolution soit publiée au registre du commerce et des sociétés. Le greffier publie ensuite la dissolution de la SCI au *Bulletin officiel des annonces civiles et commerciales (BODACC)*.

La clôture de la liquidation

Le liquidateur est chargé de recenser les biens de la société. À cet effet, il dresse un inventaire des éléments de l'actif et du passif de la SCI. Sauf précision dans les statuts ou dans l'acte le désignant, le liquidateur a tout pouvoir pour régler les créanciers et mettre fin aux contrats en cours. Il peut donc être amené à vendre les immeubles de la société. Une fois toutes les dettes réglées, il présente les comptes de liquidation aux associés pour obtenir leur approbation. Les associés prononcent ensuite la clôture de la liquidation. Le liquidateur doit alors faire publier un avis de clôture dans un journal d'annonces légales et faire procéder à la radiation de la SCI du registre du commerce et des sociétés. La société perd alors la personnalité morale. Les associés deviennent propriétaires indivis des biens restant à l'actif et il ne leur reste plus qu'à les partager entre eux.

Le partage des biens

Après paiement des dettes et remboursement du capital social, le partage des biens de la SCI s'opère entre les associés dans les mêmes proportions que leur participation aux bénéfices, sauf clause des statuts ou convention contraire *(article 1844-9 du Code civil)*.

La reprise des biens

Les associés se répartissent comme ils l'entendent les biens de la société. Ils peuvent ainsi décider, soit dans les statuts, soit par une décision ou un acte distinct, que certains biens seront attribués à certains associés. Dans le cas contraire, celui qui a apporté un immeuble a le droit de reprendre son apport. Il doit verser une soulte (une compensation financière) aux autres associés si la valeur du bien a augmenté entre-temps. Les règles de l'attribution préférentielle, applicables aux partages de successions, concernent aussi les partages entre associés. Par exemple, celui qui habite un logement figurant dans les biens à partager peut demander à ce que cet immeuble lui soit attribué par préférence (sauf s'il s'agit d'un apport effectué par un autre associé qui demande à le reprendre). Si les associés ne parviennent pas à s'entendre, le partage peut être décidé en justice, à la demande de l'un d'eux.

Le coût fiscal du partage

L'acte de partage doit être enregistré dans un délai d'un mois auprès du service de la publicité foncière, lorsqu'il porte sur des biens immobiliers. Dans le cas contraire, l'enregistrement s'effectue à la recette des impôts dans le même délai. Le régime fiscal varie selon que le bien a été acquis par la société au cours de la vie sociale ou qu'il a été apporté par un associé.

> + Plusieurs associés peuvent aussi **récupérer tout ou partie des biens sociaux** dans le cadre d'une indivision. Leurs rapports sont alors régis, à la clôture de la liquidation, par les dispositions relatives à l'indivision.

Pour les biens acquis par la société, et partagés entre les associés, un droit de partage de 2,5 % est exigible sur la valeur des biens partagés après déduction du passif (comprenant les comptes courants débiteurs, les frais et les impôts de liquidation) et du montant des soultes *(articles 746 et 747 du Code général des impôts)*. Si un associé est tenu de verser une soulte (la valeur du bien reçu étant supérieure à sa part), celle-ci est taxée comme une vente, selon la nature du bien attribué, soit 5,80 % pour les biens immobiliers achevés (en cas de vente par un particulier non assujetti à la TVA). Le droit de partage de 2,5 % s'applique aussi au numéraire réparti entre les associés. En revanche, le montant du capital social remboursé aux associés n'est pas soumis au droit de partage *(C. cass., com., 26.9.2018, n° 16.24070)*.

Si le bien avait fait l'objet d'un apport à la SCI, aucun droit n'est dû lorsque l'associé reprend le bien qu'il avait personnellement apporté. S'il s'agit d'un immeuble, la taxe de publicité foncière de 0,715 % est due lors de la publication de l'acte de partage. Si les biens apportés à la SCI sont attribués à un autre associé que l'apporteur, cet associé doit payer les droits de vente applicables selon la nature des biens. En cas de soulte, cette somme supporte le droit de partage de 2,5 %. Lorsque la SCI relève de l'impôt sur les sociétés, le droit de partage de 2,5 % s'applique sur les biens partagés, lorsque ceux-ci ont été acquis par la société. Lorsqu'un bien est repris par l'associé apporteur, aucun droit n'est dû si l'apport était exonéré de droits d'enregistrement. Si le bien est attribué à un autre associé que l'apporteur, les droits de vente sont dus selon la nature du bien.

Les dernières obligations fiscales de la SCI

Lorsque la SCI relève de l'impôt sur le revenu, les bénéfices réalisés l'année de la dissolution (et non encore imposés) sont soumis à l'impôt sur le revenu, au nom des associés, dans la catégorie des revenus fonciers. La plus-value dégagée lors de la dissolution est assimilée fiscalement à une vente. Elle est imposée entre les mains des associés, au prorata de leurs droits sociaux, comme une plus-value immobilière réalisée par des particuliers. Lorsque la SCI relève de l'impôt sur les sociétés, le liquidateur doit souscrire une déclaration de résultat dans les deux mois de la clôture des opérations de liquidation. La plus-value réalisée et le bénéfice imposable sont soumis à l'impôt sur les sociétés.

MODÈLES

Statuts types de SCI

Entre les soussignés :
Nom, prénoms, domicile, profession, date et lieu de naissance, situation matrimoniale, date et lieu du mariage ou du Pacs, identité et état civil de l'époux, de l'épouse ou du partenaire de Pacs. Si personne morale : forme, dénomination, capital social, siège, numéro d'immatriculation, identification du ou des dirigeants sociaux.
Ont établi, ainsi qu'il suit, les statuts de la société civile immobilière devant exister entre eux :

Article 1 – Forme
Il est formé entre les propriétaires des parts sociales ci-après créées et de celles qui pourraient l'être ultérieurement, une société civile régie par les articles 1832 et suivants du Code civil, par tous textes qui viendraient à les modifier ou les compléter et par les présents statuts.

Article 2 – Dénomination sociale
La société prend la dénomination de : .... *(nom de la société)*

Article 3 – Objet
La société a pour objet l'acquisition, la gestion et plus généralement l'exploitation par bail, location ou autre des immeubles de la société. Entre dans l'objet social la vente d'un des immeubles sociaux, à condition que l'opération revête un caractère exceptionnel, n'ait pas pour effet de vider la société de sa substance, et reste dans le cadre d'une gestion patrimoniale et civile. Et plus généralement, toutes opérations de caractère purement civil se rattachant à l'objet social.

Article 4 – Siège social
Le siège de la société est fixé à .... *(adresse)*. Il pourra être transféré dans la même ville ou le même département par décision simple de la gérance et en tout autre endroit par décision extraordinaire des associés.

Article 5 – Durée
La société est constituée pour une durée de .... ans à compter de son immatriculation au registre du commerce et des sociétés, sauf cas de prorogation ou de dissolution anticipée.

Article 6 – Apports
Les apports faits par les associés sont les suivants :
Apports en numéraire : M.......... *(nom de l'associé)* apporte à la société la somme de...... euros *(somme en toutes lettres et en chiffres)*. Cette somme a été immédiatement versée dans la caisse sociale, ainsi que le reconnaît le gérant.

OU Cette somme a été versée sur le compte ouvert au nom de la société en formation auprès de......... *(organisme bancaire)*, ainsi que les associés le reconnaissent.

Apports en nature : M.......... apporte à la société un immeuble.......... *(description du bien)*, situé à....... *(adresse)*, évalué à la somme de.......... euros. Cet apport est consenti net de tout passif.

Droits du conjoint ***(époux mariés sous le régime de la communauté légale)*** **:**
M.......... étant marié sous le régime de la communauté, son épouse, Mme.........., est intervenue aux présentes. Elle déclare avoir été informée de l'apport effectué par son conjoint au moyen de biens provenant de la communauté. Elle a répondu à la société et notifié expressément son consentement à la réalisation de l'apport sans être associée ***OU*** son intention d'être associée pour la moitié des parts souscrites par son conjoint.

Article 7 – Libération des apports

Les apports en numéraire seront libérés à hauteur de ..... %. Le solde des apports sera versé à la société sur simple demande de la gérance faite par lettre recommandée avec avis de réception. À défaut de règlement à la date indiquée, l'associé sera de plein droit redevable d'intérêts au taux légal sur les sommes non libérées.

Article 8 – Capital social

Le capital social est fixé à la somme totale de.......... euros *(somme en toutes lettres et en chiffres)*.
Il est divisé en .... parts sociales numérotées de .... euros chacune, attribuées aux associés en contrepartie de leurs apports respectifs de la manière suivante :
M .... détient .... parts en rémunération de son apport en numéraire.
M .... détient .... parts en rémunération de son apport en nature.
Il ne sera créé aucun titre de parts sociales. Le droit de chaque associé résultera seulement des présentes, des actes qui pourraient modifier le capital social et des cessions qui seraient ultérieurement consenties. Une copie ou un extrait de ces actes, certifié par un gérant, sera délivré à chacun des associés sur sa demande et à ses frais.

Article 9 – Modification du capital

Le capital pourra être augmenté en une ou plusieurs fois sur décision extraordinaire des associés, notamment par création de parts nouvelles attribuées en représentation d'apports en nature ou d'apports en numéraire, ces derniers pouvant être libérés par compensation avec des créances liquides et exigibles sur la société. Le capital pourra aussi être réduit sur décision extraordinaire des associés, soit par retrait d'apports, soit par des remboursements égaux sur toutes les parts, ou par achat et annulation de parts.

Article 10 – Droits attachés aux parts

Chaque part donne droit dans la propriété de l'actif social, dans la répartition des bénéfices et dans le boni de liquidation, à une fraction proportionnelle au nombre de parts existantes. Les pertes ou le mali de liquidation, s'il en existe, sont supportés dans les mêmes conditions. Elle donne également droit de participer aux décisions collectives des associés et d'y voter. Les droits et obligations attachés à chaque part la suivent en quelques mains qu'elle passe.

La propriété d'une part emporte de plein droit adhésion aux présents statuts et aux décisions collectives des associés ou de la gérance régulièrement prises. Chaque part est indivisible à l'égard de la société. Les propriétaires indivis sont tenus de se faire représenter auprès de la société par un seul d'entre eux ou par un mandataire commun pris parmi les associés. En cas de désaccord, le mandataire sera désigné en justice à la demande du plus diligent.
Lorsque les parts sociales font l'objet d'un usufruit, le droit de vote appartient au nu-propriétaire sauf pour les décisions concernant l'affectation des bénéfices où il est réservé à l'usufruitier.

Article 11 – Responsabilité des associés
Les associés répondent indéfiniment des dettes sociales à proportion de leur part dans le capital social à la date d'exigibilité ou au jour de la cessation des paiements. Les créanciers ne peuvent poursuivre le paiement des dettes sociales contre un associé qu'après avoir préalablement et vainement poursuivi la personne morale.

Article 12 – Cession et transmission des parts
Toute cession de parts doit être constatée par écrit. La cession ne sera opposable à la société qu'après lui avoir été notifiée par lettre recommandée avec avis de réception ou signifiée par acte d'huissier, ou qu'elle aura été acceptée par elle dans un acte authentique. Elle devra en outre être déposée en annexe au greffe du tribunal de commerce pour être opposable aux tiers. Les cessions de parts sociales sont libres entre associés et au profit du conjoint, des ascendants ou descendants de l'associé cédant.
Agrément préalable : les cessions de parts au profit d'autres personnes, à titre onéreux ou gratuit, même celles portant simplement sur l'usufruit ou sur la nue-propriété des parts, doivent recueillir l'autorisation préalable de tous les associés. En cas de décès d'un associé, ses héritiers, ses légataires ou son conjoint survivant deviennent de plein droit associés sans qu'il soit besoin d'agrément.
Procédure d'agrément : l'associé qui veut céder tout ou partie de ses parts notifie son projet de cession à la société et à chacun des associés, par lettre recommandée avec avis de réception, en indiquant le nombre de parts à céder, les nom, prénoms, nationalité, profession et domicile du cessionnaire proposé et en demandant l'agrément dudit cessionnaire. Les associés seront convoqués en assemblée générale ou consultés par écrit dans le mois suivant la réception de la lettre par la société, pour se prononcer sur l'agrément sollicité. Lorsque l'agrément est donné ou réputé acquis (au sens de l'article 1863 du Code civil), la cession projetée doit être régularisée dans le délai de deux mois. Passé ce délai, le cédant est réputé avoir renoncé à la cession.
Refus d'agrément : en cas de refus du cessionnaire proposé, les associés se portent acquéreurs des parts. Si plusieurs d'entre eux décident de les acquérir, ils sont réputés acquéreurs à proportion des parts qu'ils détenaient antérieurement ;
si aucun associé ne se porte acquéreur ou si les offres des associés portent sur un nombre de parts inférieur à celui que le cédant entend céder, la société peut faire acquérir tout ou partie des parts par un tiers ou les acquérir elle-même en vue de leur annulation.

Article 13 – Retrait d'un associé

Tout associé peut se retirer totalement ou partiellement de la société avec l'accord des autres associés prononcé à la majorité des 3/4 au moins du capital social (ou avec l'accord de tous les associés), ou par décision du président du tribunal judiciaire statuant selon la procédure accélérée au fond autorisant le retrait pour justes motifs. L'associé qui se retire a droit au remboursement de la valeur de ses parts au jour du retrait. Celle-ci est déterminée par accord entre les associés ou, à défaut, à dire d'expert *(article 1843-4 du Code civil).*

Article 14 – Gérance

La société est administrée par un gérant unique.
OU La société est gérée par une ou plusieurs personnes (pour une gérance collégiale), choisies parmi les associés personnes physiques, et nommées par une décision ordinaire prise en assemblée générale. Les associés nomment en qualité de premier gérant M ………. *(nom, prénoms, domicile et profession).*
Le gérant est nommé pour une durée de….. années ***OU*** illimitée.
Pouvoirs du gérant : il peut accomplir tous les actes de gestion que demande l'intérêt de la société. Il dispose des pouvoirs les plus étendus pour agir au nom de la société. Il l'engage par les actes qui entrent dans l'objet social. Toutefois, le gérant ne pourra pas, sans autorisation préalable donnée en assemblée générale par une décision extraordinaire des associés, effectuer l'une des opérations suivantes : ………. *(liste).*
Cessation des fonctions du gérant : le gérant peut être révoqué par une décision ordinaire des associés. En cas de démission, le gérant doit en informer chacun des associés au moins deux mois à l'avance, par lettre recommandée avec avis de réception, et convoquer une assemblée générale aux fins d'élire son successeur.
En cas de décès du gérant, l'assemblée générale peut être convoquée à la requête de l'associé le plus diligent.

Article 15 – Décisions des associés

Les décisions qui excèdent les pouvoirs du gérant sont prises par les associés. Elles résultent, au choix du gérant, soit d'une assemblée générale, soit d'une consultation écrite des associés. Chaque associé dispose d'un nombre de voix égal à celui des parts sociales qu'il détient.

Article 16 – Assemblées générales

L'assemblée des associés est réunie à l'initiative du gérant, au lieu du siège social ou en tout autre lieu de la même ville. Un ou plusieurs associés représentant au moins….. % du capital social peuvent demander au gérant, par lettre recommandée avec avis de réception, de convoquer une assemblée générale.
Convocation : les associés sont convoqués au moins quinze jours avant la réunion de l'assemblée, par lettre recommandée avec avis de réception. La convocation contient l'ordre du jour. Chaque associé, quel que soit le nombre de parts dont il dispose, doit être convoqué à l'assemblée générale. Il ne peut se faire représenter que par un autre associé de son choix. La convocation peut être verbale et l'assemblée

réunie sans délai si tous les associés sont présents ou représentés. L'assemblée générale est présidée par le gérant.
Assemblée générale ordinaire : une assemblée ordinaire doit être réunie au moins une fois par an pour se prononcer sur l'approbation des comptes de la société, décider de l'affectation des résultats et de la répartition des bénéfices. À cet effet, elle prend connaissance de la reddition des comptes de la société et du rapport de gestion de l'exercice écoulé établis par le gérant. Les décisions ordinaires sont essentiellement des décisions de gestion. De manière générale, elles concernent toutes les questions qui n'entraînent pas de modification des statuts. L'assemblée ne peut pas délibérer sur une question qui n'est pas inscrite à l'ordre du jour. Néanmoins elle peut, en toutes circonstances, révoquer le gérant, statutaire ou non, et procéder à son remplacement.
Les décisions sont prises valablement par un ou plusieurs associés représentant plus de la moitié du capital.
Assemblée générale extraordinaire : une assemblée extraordinaire a pour objet la modification des statuts dans toutes leurs dispositions. Les décisions sont valablement prises lorsqu'elles ont été adoptées par les associés (présents ou représentés) représentant les 2/3 au moins du capital social.

Article 17 – Consultation écrite des associés

Le gérant peut consulter les associés par correspondance chaque fois qu'il l'estime utile. Il doit adresser à chaque associé, par lettre recommandée avec avis de réception, le texte des résolutions proposées en double exemplaire, accompagné des documents nécessaires à l'information des associés. Chaque associé dispose de quinze jours, à compter de la date de réception de la lettre, pour la retourner datée et signée, en indiquant pour chacune des résolutions si elle est adoptée ou rejetée. À défaut de ces mentions, ou en l'absence de réponse dans le délai prévu, l'associé est réputé s'être abstenu.
Les décisions prises par consultation doivent, pour être valables, réunir les conditions de majorité prévues pour les assemblées générales.

Article 18 – Procès-verbal des délibérations

Les délibérations des associés sont constatées par un procès-verbal adressé à chaque associé, par lettre recommandée avec avis de réception, dans un délai de deux mois à compter de la prise de la décision. Il précise notamment le texte des résolutions mises aux voix et le résultat des votes. Les procès-verbaux sont établis et signés par le gérant. Ils sont portés sur un registre spécial tenu au siège de la société.

Article 19 – Exercice social

L'exercice social commence au 1er janvier et finit le 31 décembre. Par exception, le premier exercice social commencera à la date d'immatriculation de la société au registre du commerce et des sociétés et sera clos le 31 décembre 20….. À la clôture de chaque exercice, le gérant établit l'inventaire de l'actif et du passif de la société, le compte d'exploitation générale, le compte de profits et pertes et le bilan de la société. Les associés doivent être convoqués en assemblée générale dans les six mois de la clôture de l'exercice à l'effet de statuer sur les comptes de l'exercice écoulé et sur l'affectation des résultats.

Article 20 – Affectation des résultats

Le bénéfice net est constitué par les produits de l'exercice, déduction faite des frais généraux, des charges sociales, ainsi que de tous amortissements et de toutes provisions. Le bénéfice distribuable est constitué par le bénéfice net de l'exercice diminué des pertes antérieures et augmenté des reports bénéficiaires.

Il est distribué aux associés proportionnellement au nombre de parts détenues par chacun d'entre eux. Toutefois, les associés peuvent décider en assemblée générale de le mettre en réserve ou de le reporter à nouveau, en tout ou partie. Les pertes éventuelles s'imputent d'abord sur les bénéfices non encore répartis, puis sur les réserves, puis sur le capital. Le solde est, le cas échéant, supporté par les associés proportionnellement à leurs parts sociales.

Article 21 – Dissolution/Liquidation de la société

Dissolution : un an au moins avant la date d'expiration de la société, le gérant convoque une assemblée générale extraordinaire pour décider de sa prorogation ou non. À défaut de prorogation, la société est dissoute à l'expiration de sa durée. La dissolution anticipée de la société peut aussi être décidée à tout moment par décision collective extraordinaire des associés.

Liquidation : la société est en liquidation dès l'instant de sa dissolution, quelle qu'en soit la cause.

La personnalité morale subsiste pour les besoins de la liquidation jusqu'à la clôture de celle-ci. La mention « société en liquidation », ainsi que le nom du ou des liquidateurs doivent figurer sur tous actes et documents émanant de la société et destinés aux tiers. La liquidation est faite par un ou plusieurs liquidateurs pris parmi les associés, ou en dehors d'eux, et nommés par décision ordinaire des associés, ou, à défaut, par ordonnance du président du tribunal judiciaire statuant à la requête de tout intéressé. Le liquidateur représentant la société, il a les pouvoirs les plus étendus pour réaliser l'actif et acquitter le passif. Le produit net de la liquidation, après l'extinction du passif et des charges sociales et le remboursement aux associés du montant nominal non amorti de leurs parts sociales, est partagé entre les associés, proportionnellement au nombre de parts qu'ils détiennent.

Article 22 – Contestations

Toute contestation qui pourrait s'élever pendant la durée de la société ou lors de la liquidation entre associés, relativement aux affaires sociales, sera soumise au tribunal judiciaire territorialement compétent.

Article 23 – Pouvoirs

Tous pouvoirs sont donnés au gérant pour accomplir les formalités prévues par la loi, notamment en vue de l'immatriculation de la société au registre du commerce et des sociétés.

Article 24 – Reprise des engagements pris au nom de la société en formation

Un état des actes accomplis à ce jour pour le compte de la société en formation est annexé aux présents statuts. L'immatriculation de la société au registre du commerce et des sociétés emportera de plein droit reprise par elle-même des engagements ci-dessus.

Fait à ………., le ………., en …… exemplaires originaux.

Convocation des associés à l'assemblée générale

Lettre recommandée avec avis de réception

SCI des Oliviers
14, boulevard Pasteur
75014 Paris

Monsieur Pierre Lajoie
22, rue Verlaine
92150 Suresnes

Objet : Convocation à l'assemblée générale des associés

La société civile immobilière est immatriculée au RCS de Paris sous le n° ....

Madame, Monsieur,
J'ai l'honneur de vous convoquer à l'assemblée générale ordinaire de notre société qui se déroulera le .... *(date)*, à ..... *(heure)*, au siège de la société situé 14, boulevard Pasteur, 75014 Paris.
L'ordre du jour sur lequel vous serez appelé à délibérer est le suivant :
- audition du rapport du gérant ;
- approbation des comptes de l'exercice clos le 31 décembre 20.. ;
- quitus à la gérance ;
- affectation des résultats.

Afin de préparer au mieux les délibérations, vous trouverez ci-joint les informations suivantes :
- le texte des projets de résolutions ;
- le rapport d'ensemble sur l'activité de la SCI au cours de l'exercice ;
- les comptes annuels de la société.

Si vous ne pouvez pas vous rendre à la réunion, vous pouvez, conformément aux statuts de la société, vous faire représenter par un autre associé ou par votre conjoint ou votre partenaire de Pacs. À cet effet, vous trouverez ci-joint une formule de procuration à remettre à votre mandataire, ou à retourner au siège social, dument complétée et signée.
Je vous prie de croire, Madame, Monsieur, en l'expression de mes meilleurs sentiments.

Fait à ...., le..........

Le gérant
Signature

Procès-verbal d'assemblée générale

Le .... *(lieu, date et heure de l'assemblée).*
Les associés de la SCI .... *(nom)* se sont réunis en assemblée générale ordinaire sur convocation du gérant, conformément aux dispositions des statuts.
Étaient présents : *(identité et adresse des associés)*
M .... *(nom)*
M .... *(nom)*
Étaient représentés : *(identité des associés absents et de leur représentant)*
M .... *(nom)*
M .... *(nom)*
L'assemblée générale est présidée par M ...., associé gérant.
Le président constate que le nombre des associés présents ou représentés, possédant ensemble ...... parts sociales, représente la totalité des parts sociales, et qu'en conséquence, l'assemblée est habilitée à prendre toutes les décisions ordinaires relevant de sa compétence, conformément aux dispositions des statuts.
Le président dépose sur le bureau et tient à la disposition des associés :
- les récépissés des lettres de convocation à l'assemblée ;
- les comptes annuels établis conformément aux dispositions législatives et réglementaires en vigueur ;
- le rapport sur les résultats de l'exercice ;
- le texte des résolutions soumises à l'approbation de l'assemblée, tel que transmis aux associés avec leur convocation.

Le président déclare que l'assemblée est appelée à délibérer sur les questions suivantes :
- examen et approbation des comptes de l'exercice ;
- examen et approbation de l'affectation du solde ;
- questions diverses.

Première résolution
L'assemblée, après avoir entendu la lecture du rapport de gestion, l'approuve, ainsi que les comptes de l'exercice 20.., tels qu'ils ont été présentés par la gérance et qui font apparaître, pour ledit exercice, un résultat bénéficiaire *(ou déficitaire)* de .... euros.
L'assemblée approuve également l'ensemble des opérations réalisées par la gérance, lesquelles traduisent les comptes tels qu'ils lui ont été présentés.
Par conséquent, l'assemblée générale des associés donne quitus au gérant de l'exécution de son mandat pour l'exercice 20.. .
Cette résolution est adoptée par ...... voix *(nombre de voix « pour »)* sur ...... *(nombre total de voix).*

Seconde résolution
L'assemblée, après lecture des propositions d'affectation du solde de l'exercice, approuve la répartition proposée par le gérant

OU n'approuve pas la répartition proposée.
À l'issue des débats, l'assemblée générale opte pour l'affectation suivante ......
Cette résolution est adoptée par .... voix sur ....
L'ordre du jour étant épuisé, la séance est levée à ...... heures.
De tout ce qui précède, il a été dressé le présent procès-verbal, visé par un associé et signé par le président.

Signatures

Acte de cession de parts

Entre les soussignés :
M .... *(état civil et adresse)*, ci-après dénommé le cédant et M .... *(état civil et adresse)*, ci-après dénommé le cessionnaire, il est convenu et arrêté ce qui suit :
Le cédant, associé de la SCI ...., immatriculée au RCS de .... sous le n° ...., et dont le siège social est situé à ...., est propriétaire de ..... parts de ladite société par suite de l'attribution qui lui en a été faite en rémunération de ses apports.
Il vend, sous les garanties ordinaires légales, au cessionnaire qui accepte, la pleine propriété de ...... parts de la SCI ...., portant les numéros .... à ......
Le cédant déclare que les parts objets du présent acte ne font l'objet d'aucun nantissement.
À compter de ce jour, le cessionnaire a la propriété des parts cédées et, en conséquence, exerce les droits et supporte les obligations qui y sont attachés.
Le cessionnaire participe aux pertes et aux gains des résultats sociaux à compter de ce jour.
OU Le présent acte intervenant en cours d'exercice, le cédant et le cessionnaire participeront *prorata temporis* aux pertes ou aux gains de l'exercice.
Le cessionnaire se conformera aux clauses et conditions des statuts qu'il déclare parfaitement connaître. Il reconnaît avoir reçu ce jour une copie des statuts de la SCI ...., certifiée conforme par le gérant.
Prix de cession : la présente cession est consentie moyennant le prix de ..... euros par part, soit un total de ..... euros payés comptant ce jour au cédant qui le reconnaît et en donne quittance au cessionnaire
OU que le cessionnaire s'engage à payer au cédant au plus tard le ....

Intervention du conjoint du cédant *(lorsque les parts dépendent de la communauté des époux)* :
M ...., époux(se) commun(e) en biens du cédant, déclare intervenir au présent acte et donner son consentement à la cession et à la perception du prix, conformément aux dispositions de l'article 1424 du Code civil.

Application de l'article 1832-2 du Code civil *(si le prix a été payé par le cessionnaire avec des fonds dépendant de la communauté)* : à l'acte est intervenu M ...., conjoint du cessionnaire, lequel a déclaré, d'une part, avoir été informé que le prix de la présente cession était payé au moyen de fonds dépendant de la communauté de biens existant entre lui et le cessionnaire et, d'autre part, qu'il ne revendiquait pas la qualité d'associé de la SCI.........

Agrément *(si la cession est soumise à un agrément des associés)* : la présente cession a été agréée par la société ainsi que cela résulte de la lettre en date du ……. émanant de cette société et jointe en annexe du présent acte
OU le présent projet a été établi sous condition suspensive de l'agrément des associés.
La présente cession sera signifiée à la société par huissier, à l'initiative et aux frais du cessionnaire.
Tous pouvoirs sont donnés au gérant pour accomplir les formalités de publicité.
Tous les frais, droits et honoraires du présent acte et de ses suites seront supportés par le cessionnaire, qui s'y oblige expressément.

Fait à ……….., le……….. en….. exemplaires originaux.

Signatures des parties et des conjoints intervenant à l'acte

Demande d'agrément du cessionnaire des parts

Par lettre recommandée avec avis de réception ou par acte d'huissier

Monsieur le gérant,
Je vous informe par la présente de mon intention de céder, aux conditions suivantes, les parts que je détiens dans la société civile immobilière .... *(nom)*
- nombre de parts cédées : .... ;
- prix : .... euros, soit .... euros par part ;
- conditions de paiement : .... ;
- acquéreur : .... *(nom, adresse, qualité)*.

Vous trouverez ci-joint l'acte de cession qui a été dressé entre nous, sous condition suspensive d'agrément.
Dans l'attente de la décision de la société, je vous prie de croire, Monsieur, à l'assurance de ma considération distinguée.

Fait à.........., le..........

Signature du cédant

A

B

C

D

E - F

G - I

L

M - N - O

P

R

Editrice : **Malika Moulai**
Rédactrice en chef : **Édith Tavignot**
Rédacteurs : **Jean-Léon Gantier, Arnaud Saugeras**
Responsable d'édition : **Marianne Rouet**
Chef de fabrication : **Aurélien Sebag**
Couverture : **Acis&Galaté**
Réalisation : **Sicomono**
Conception graphique : **Matthieu Mercier**
Assistante d'édition : **Laurence Petit**
Cet ouvrage a été réalisé en collaboration avec **Olivier Puren**

14, Bd Haussmann - 75009 Paris Cedex
Directeur de la publication : **Marc Feuillée**
Crédit photo : © idealistock - Istockphoto

Dépôt légal : décembre 2020

La liste de nos ouvrages est consultable sur ***leparticulier.fr***

Imprimé en France - 42451 - juillet 2021 - 14110 Condé-sur-Noireau
RapidBook, une marque du Groupe Corlet Imprimeur